以终为始

诱发行为改变的产品设计

START AT THE END

How to Build Products That Create Change

Matt Wallaert

[美] 马特·沃拉尔特／著

卢尚玉／译

中信出版集团 | 北京

图书在版编目（CIP）数据

以终为始：诱发行为改变的产品设计 /（美）马特·沃拉尔特著；卢尚玉译 . -- 北京 : 中信出版社，2020.7

书名原文：START AT THE END: How to Build Products That Create Change

ISBN 978-7-5217-1940-6

Ⅰ.①以… Ⅱ.①马… ②卢… Ⅲ.①行为经济学–研究 Ⅳ.① F069.9

中国版本图书馆 CIP 数据核字（2020）第 096775 号

以终为始——诱发行为改变的产品设计

著　　者：[美] 马特·沃拉尔特
译　　者：卢尚玉
出版发行：中信出版集团股份有限公司
（北京市朝阳区惠新东街甲 4 号富盛大厦 2 座　邮编　100029）
承 印 者：北京盛通印刷股份有限公司

开　　本：880mm×1230mm　1/32　　印　　张：7.25　　字　　数：136 千字
版　　次：2020 年 7 月第 1 版　　印　　次：2020 年 7 月第 1 次印刷
京权图字：01-2020-2138　　广告经营许可证：京朝工商广字第 8087 号
书　　号：ISBN 978-7-5217-1940-6
定　　价：59.00 元

致贝尔

生活赋予人们的最好的奖赏无疑是让人们有机会为值得的事业而努力。

——西奥多·罗斯福

目录

序言

这本书并不是严格意义上的原创著作。本书内容基本来自社会心理学和其他科学领域研究人员的长期研究成果，以及全球各个公司或组织的几百名有识之士的经验。他们做出的一系列贡献已经给这个世界带来了一些改变，在将来也会创造一个更美好的世界。而我只是对他们的研究和经验进行了结构性梳理，并将其整理成一套流程，以便实践运用，这是我所尽的绵薄之力。

这本书的重点在于帮助你达成属于你自己的成就。记住，伟大的巨人毕竟是少数，普通人的行为迭代才让我们取得了今天的成绩。我认为改变行为的实践不应该局限于一小撮专业顾问。当每个人都善于实践行为改变时，这个世界才会变得更好。

2000 年年末，我开始了我的产品开发职业生涯；我从研究生院毕业后，在一家做个人理财网站的金融初创公司 Thrive 工作，它最终被卖给了 LendingTree 公司[①]。但是，本

① LendingTree（贷款树）公司创立于 1996 年，是一个在线贷款平台，为寻求一系列贷款和其他以信用为基础的消费者提供资金支持，主要业务包括贷款、汽车、教育及房屋服务等。——译者注

书介绍的干预设计过程（Intervention Design Process，简称IDP）的真正起源早在我出生之前就出现了——库尔特·勒温（Kurt Lewin）经过研究总结出了“场理论”（我把“场理论”直接称为竞争压力）。他的作品太古老了，我在上学的时候并没有读过他的著作，但是安德鲁·沃德（Andrew Ward）读过，他和巴里·施瓦茨是我在斯沃斯莫尔学院（Swarthmore College）的本科生导师。安德鲁·沃德给了我一篇麦克唐纳所写的论文[1]，这篇论文成为我继续研究行为改变的催化剂。正如许多优秀科学家那样，麦克唐纳团队的研究从一个问题开始：是否存在让醉酒的人比清醒的人更有可能发生安全的性行为的条件？

答案是在酒吧顾客的手上盖一个“艾滋病致死”的印章①。酒精会影响大脑功能，醉酒者只会关注他们身边最显眼的事物。如果最显眼的是关于艾滋病的可怕信息，他们就会比清醒的人更渴望安全的性行为。印章是一种压力——它会增加或减少人们的特定行为。麦克唐纳的论文激发沃德和他的合作者特蕾西·曼（Traci Mann）提出了一个注意力“近视”模型。[2] 该模型表明，选择性地缩小注意力范围可以改变很多行为，比如让人多吃或少吃，增强或削弱人的攻击性。我们一起合作发表的一项类似的针对大学生吸烟的研究

① 美国酒吧只对年满 18 岁或 21 岁的人开放，酒吧保安会在大门口检查客人的身份证确认年龄，并在达到年龄要求的客人手上盖各类图案的印章，以便随时检查。这里是说在手上盖上“艾滋病致死”这几个字。——译者注

表明，在打火机上贴一张“吸烟致死”的贴纸，可以减少大学生的吸烟行为——就像麦克唐纳的印章会改变醉酒者的行为一样。[3] 该实验要求大学生在想抽烟的时候使用有警告贴纸的打火机，其中有一些人被要求从十倒数到一。结果表明，数数的大学生的吸烟量低于未数数的，因为数数让他们分神，使其将所有注意力都聚焦到贴纸上——他们或多或少地受到了打火机上的警告贴纸的影响。

我的研究由此开始。如果缩小注意力范围能改变压力的强弱，从而改变行为，那应该还存在改变这些压力的其他方法。根据既定的意图和渴望达成的行为结果，压力就可以被设计出来，进而带来行为改变，从而创造一个不同的世界。此乃成就这本书的那颗种子。

如果这本书是一家初创企业，以上就是关于它的创建故事。整本书里关于这类研究的引用注释最多，我尽量引用了公司的事实案例，而不是实验室里的研究。在这里，我很想感谢一些人。

如果没有安德鲁·沃德和巴里·施瓦茨，我永远也不会成为一名社会心理学家，他们把年轻人的傲慢看作好奇心的另一种表现形式。我中年时期的傲慢更严重，但斯特夫·休格（Stef Sugar）一直对我心怀包容。我的父母和哥哥也一直都很包容我。格雷厄姆·摩尔（Graham Moore）传授给了我一些写书的技巧。我在 Thrive 公司，以及后来在 Churnless 咨询公司工作时，阿维·卡纳尼（Avi Karnani）给予了我莫大的支持，我们将来会继续合作。斯蒂芬·韦茨（Stefan Weitz）和亚当·索恩（Adam Sohn）介绍我到微软工作，我在工作上随时乐意为安娜·罗思（Anna Roth）效劳。丹·斯托姆斯（Dan Storms）一直在和我探讨微软产品。亚当·格兰特（Adam Grant）是第一个把我写进书里的人，他不断提醒我要注意自己对性别差异理解的不足，珍妮弗·库尔德拉（Jennifer Kurdyla）记录了这些进步。我还有很多需要感谢的人，最重要的是，我要感谢企鹅出版社的编辑梅里·孙（Merry Sun）。梅里·孙是唯一一个说服我写下这本书的人。许多人曾努力劝我写书，但都失败了（另一个出版商建议我停止免费演讲，只有在演讲组织者保证售出一定数量的书后才同意演讲——欢迎来到现代出版界），而梅里·孙成功地说服了我。她直截了当、诚恳、清楚地告诉我，我只需要写我想写的书，其他什么都不用做。

我的儿子贝尔也促成了我的写作。我去世界各地开讲座，在谈论写作时总是一次次地提起他。这本书出版后，我便可以坦然地拒绝讲座的邀请，并回答说："我在和我的儿子玩，你且去读一读这本书吧。"我期待这一天的到来，令我备感欣喜的是，我知道贝尔和我一样期待。

前 言

人是天生的行为科学家。从第一声啼哭开始，我们就能通过施加压力来影响他人的行为了——婴儿大哭，人们就会喂他吃东西；婴儿哼哼，人们就会抱着他哄。我们也会受到来自他人的压力的影响。通过与他人、与环境的无数次微妙互动，我们直接或间接地学会了如何说话、穿衣和行动。只要活着，只要是社会的一分子，我们就会不断地、自然而然地改变他人的行为。

这种天生的改变行为的能力展示了我们的创造力。我们生来就能影响他人，所以我们不断地创造以得到我们想要的新东西。可以说，我们接触的一切都在影响我们的行为：人行道告诉我们要走这里，而不是那里；电影告诉我们何时该笑，何时该哭；打着领带意味着“请叫我‘蒂布斯先生’[①]”；穿一件夏威夷风格的休闲衬衫意味着“请直呼我的小名”。

我们很少把创造的欲望与改变行为这一目标联系起来。

① 弗吉尔·蒂布斯（Virgil Tibbs）是电影《炎热的夏夜》（*In the Heat of the Night*）的主人公，在电影中常以穿着西装、打着领带的形象出现，“他们叫我蒂布斯先生！”（They call me Mister Tibbs!）是他的经典语录。——译者注

大多数公司进行决策的过程仍然像是《广告狂人》[①]中的一集：通常是拥有特权却缺乏专业知识的白人男性抛出各类想法，直到出现一个足够诱人的想法，那么这也就成为公司的决策了。合理化决策过程纯属装门面，该过程仅仅是为了支持决策者早已倾心的某个想法。

这就是现代的“我们为什么要做我们所做的事”的愿景陈述。陈述里面没有提到行为，没有提到可行的创造目标，只是一堆华而不实的描述，以满足我们追求的独特性和归属感。即使是那些本应更为理智的公司也更看重过程而不是结果，更看重产品的时尚性而不是预期的行为改变。为弥补这些缺陷，他们尽可能大张旗鼓地宣扬自己的产品有多酷，希望创造原本不存在的消费动力。这简直是在浪费资源！

广告占美国国内生产总值的 1% 以上：2 200 亿美元的广告开销并没有将行为改变作为其中心目标。广告商没有运用基本的心理学理念，而是使用蛮力进行宣传去吸引顾客，我们的世界因此变得更糟糕了。这种设计方法不是“从结果开始”（创造一种目标明确的、阐述清晰的行为），而是提倡

---

① 《广告狂人》是一部和广告行业相关的美国年代剧，全剧共 7 季，广受好评，获奖颇多。该剧以 20 世纪 60 年代的纽约为背景，讲述广告界的强人唐 · 德雷柏（Don Draper）与他所任职的广告公司的同事如何面对这个满是冲突与矛盾的世界的故事。剧中唐 · 德雷柏的广告创意及模式以费用高昂的海量宣传为主，与本书作者提倡的广告理念相反，因此本书作者在书中常以此剧作为对比，以说明其倡导的理念。——译者注

走性感路线的销售方式；它追求的不是真正的好产品，而是听上去不错的产品。产品营销在我们的脑海里根深蒂固，以至于在生产产品时我们首先想到的是广告。

如果你认为这套体系听起来很棒，并且仍然想生活在一个《广告狂人》的世界里，你大可以继续对这些问题视而不见。没有人强迫你读这本书并开始改变你的行为。亚马逊网上购物商城有非常慷慨的退货政策，你也可以将这本书当礼物送人——做一名终极环保主义者。

如果你认为这种广告模式不应持续下去，并且想做一些不同的事情，那么有个好消息：你读这本书就对了。这本书认为，虽然一些过程确实可能会带来更好的结果，但总体而言，结果应该优先于过程。我们将从结果开始，把行为改变放在第一位。

从结果开始：不同寻常的“为什么”开启行为转变之路

iPhone（苹果手机）一直被奉为想象力、灵感和创造力的巅峰，是世界上的唐·德雷柏们创造的现代奇迹。他们将苹果公司的成功之道定义为“挑战公司的一切现状”。但这无法解释的是，为什么其他公司品牌或个人（微软 Kin 手机[①]或其他任何人）挑战现状都彻底失败了，而 iPhone 却能

① Kin 手机是微软公司于 2010 年 4 月正式发布的自有品牌多媒体娱乐手机，有 Kin 1 和 Kin 2 两种型号，主打在线网络社交功能。——编者注

够成功。

iPhone 的成功得益于两个世界的联结：一个是尚不存在但有可能变为现实的世界，心理学家称之为“反事实世界”（counterfactual world）；另一个是我们真实生活的世界。苹果公司首先设想出一个世界，在这个世界里，人们随时随地都在使用手机。公司考虑到了各种诱发人们使用手机的因素，并创造了这样的手机。这不是通过在各方面“挑战现状”实现的，而是通过思考两个问题：“人们为什么会想要这样做？”和“他们为什么还没这样做？”

这两个问题是本书的核心。第一个问题是分析动机背后那些可能触发行为的条件，它被称为促进压力（promoting pressure）。第二个问题则旨在帮助我们了解阻碍行为发生的因素（例如，“艾滋病是致命的”会使人们加强对艾滋病的防范意识），它被称为抑制压力（inhibiting pressure）。如果想要改变行为，首先要明确并有意识地干预这些压力，我们称之为干预设计过程，这里的“干预”指所有通过调节压力而实现行为改变的努力。本书其余部分无论以什么形式论述，都是关于如何针对压力进行有效的干预设计的，这里的“有效”指的是可以测量的“行为的改变”。

说实话，尽管我的开场白可能会被人指责为广告，但单凭广告预算并不能让我完成本书的写作。相反，说句作家的陈词滥调：我对 IDP 如皈依者般狂热，我创建 IDP 是因为我需要它。

就学术背景而言，我是一名社会心理学研究者，这个领域让我经常沉浸在反事实世界中。什么是实验室实验？就是尝试创建一个与现实完全相同的空间，在这个实验空间里，其中一个关键因素的改变会带动围绕它的其他因素发生变化。确切地说，这就是科学的过程：设法固定所有其他已知变量，然后通过改变一个变量了解各个变量的因果关系。

作为一名学界新手，我心怀让世界变得更加美好的愿望——我父母在我小的时候就教会我问“为什么”——我确信社会心理学是引发行动的秘密所在。我在上大学后才发现这个领域及近百年来有关行为改变的相关研究，我关注人们的行为产生的原因及其行为本身，并醉心于将这些研究运用于现实生活。那些年我对这个领域的热情让我废寝忘食，我做了成百上千个研究，用八到十个实验塞满一整个学年，还常常借用其他研究人员的时间。就这样，我梳理出了更多决定行为的法则。我在攻读社会心理学博士学位的时候就有论文待发，学术生涯一片光明。

在研究生院的时候，我在反事实世界里为自己搭建了一座宫殿，试图通过学术研究改善人们的行为。但当我抬起头看着我的工作成果时，我惊愕地发现，实验室中的研究及经同行评议的文章很难对他人的生活产生持久的影响，而如果我打造了一件还算成功的产品，它的影响可能会更大。为此，我开发了一款产品，并在之后差不多10年里开始进行一次又一次的产品开发。因为我觉得，创造是改变世界的最好方式。

一直以来，人们都把我当作外星人看待。作为一名纯粹的心理学家，我太注重应用了（在研究所为我提供奖学金之前，在那里就职的一位非常著名的社会心理学家曾打电话给我，向我强调他们的机构是一家搞科研的机构——他比我更早地发现我并不适合搞科研，而我那时太过固执了，完全没有把他的话听进去）；作为一名公司员工，我太过坚持科学的实验性和严谨性了（相当多的高管认为，对作为研究对象的小组进行计数就是做实验，这让人震惊）。我在刚过渡到初创公司和商界的时候，感觉在每次会议上都需要开一场关于行为科学是什么的小讲座，原因是我还没有建构出一个有意义的框架，使其他人自然而然地按我所做的来做。我所有早期产品的成功似乎更像是魔法而不是科学，因为我无法解释它们为何能够成功。

2002 年，丹尼尔·卡尼曼（Daniel Kahneman）获得了诺贝尔经济学奖，这一事件给我们提供了很大的帮助（由于诺贝尔奖没有设心理学奖，所以我们只好“跨界”了），为大批该领域科普图书的推广铺平了道路。加之安杰拉·达克沃思（Angela Duckworth）、丹·阿里利（Dan Ariely）及其他学者所做的有关行为科学的 TED[①] 演讲，这些都使决策和习惯背后的认知过程研究成为主流。“行为改变”一时间名声大振（对于一门科学而言，这是极不寻常的）。

① TED 是美国的一家私有非营利机构，该机构以它组织的 TED 大会著称，会议的宗旨是“传播一切值得传播的创意”。——编者注

不过，即使是在丹尼尔获得诺贝尔奖的15年后，行为改变也从未被真正普及。尽管行为科学引起了广泛的关注，但世界上包括我在内的首席行为执行官仍然为数不多。人们可能对行为科学着迷，并愿意购买和阅读此类书籍（这可能也是我的出版商愿意资助这本书的原因），但是人们应用行为科学的速度非常慢。我能一直从事这个职业，主要是因为人们认为：没有专家的指导，他们就无法应用行为科学。

行为科学学术界应该为此承担责任。它作为一个独立研究领域，研究结果的应用并未被严肃对待，未让研究结果走出大学的象牙塔，所有的研究仍局限于学术层面，也缺乏帮助人们应用行为科学的简单且有效的框架。甚至少数致力于创造行为的狂热分子也痴迷和专注于同行评议的文章，而不是实用性；专注于P值①，而不是应用效果。

应用滞后的可悲之处在于，其实我们比以往任何时候都更有可能改变我们的行为，但我们却没有做出改变。社会心理学和行为经济学所取得的进步极大地提高了我们对人类行为的理解能力，从而对其进行干预以创造变化。电脑和互联网能随机分配干预措施，数据传感器能测量干预措施的效果，将这些干预措施与行为科学知识结合起来，就能得到一个前所未有的能实际改变行为的方法。

因此才有了这本书的出版。我热衷于行为改变，部分原

① P值（P value）是当原假设为真时所得到的样本观察结果或更极端结果出现的概率，是用于判定假设检验结果的一个参数。——编者注

因是我想从一个诺斯底[1]世界转向一个实际应用的世界。我热切地期望你相信存在一个确定的反事实世界——一个能创造性地、系统地改变行为的世界——并把它作为你自己的世界。如果有足够多的人这样做，这个反事实的世界就会变成一个真实的世界。然后，我们可以把更多反事实世界转变为真实世界。我们不会在广告上浪费我们大部分的创造力（以及更多的被浪费在我们扔掉的东西上的地球资源）；人行道把我们带到我们想去的地方；越来越多的人穿着夏威夷风格的休闲衬衫；蒂布斯先生得到尊重不是因为西德尼·波蒂埃[2]的坚定的眼神，而是自然而然地被尊敬。面对种族主义、性别歧视、贫困、环境污染，我相信，改变行为的设计是应对人类自我毁灭的最好武器。

为了做到这一点，我提倡应用干预设计过程，这是个科学的框架而不是真理。它可以被广泛应用于各行各业，往大了说，它可以带来全球范围内的行为改变；往小了说，它可以改变人们吃垃圾食品的习惯。它依据科学的过程，使人们避免走弯路。这本书将描述如何实现这一过程，你要做的主

① Gnostic（诺斯底）由希腊语单词 gnostos 演变而来，意思是“神圣的知识”。诺斯底主义 (Gnosticism) 是盛行于 2 世纪地中海世界的一种自有隐秘的知识或启示的异端信仰。诺斯底主义混杂着基督教教义、波斯神秘宗教思想和希腊哲学思想。——译者注

② 西德尼·波蒂埃（Sidney Poitier），美国演员、导演、作家和外交官，全世界第一位黑人奥斯卡影帝，在电影《炎热的夏夜》中饰演主人公弗吉尔·蒂布斯。——译者注

要是根据你的具体情况调整这个过程，以达到你自己改变行为的目的。

本书的第一部分将按步骤介绍干预设计过程。这部分是行为改变的 101 章[①]，即基础知识介绍部分。如果你希望在你的公司里实施大规模的干预设计过程，在采取行动之前，请让你的员工专心研读这部分内容，因为这部分更注重的是过程而不是理论。只读第一部分也会让你获益颇多。

初级行为科学家和高级行为科学家的差别在于经验，而不在于直觉或天赋，所以第二部分主要介绍我过去 15 年专注于此事业的心得。这部分各章节之间的内容并不是连贯的，只是深入探讨各个相互独立的主题，它就像是一张我按照自己的想法将各章节排列在一起的音乐专辑。你不必读完第二部分的所有内容，也不用按照顺序阅读，你可以按照自己的喜好阅读。你可能有时会觉得很难理解这些内容，你只有在真的开始实践行为改变时，才能把这部分内容理解透彻。在你开始实施干预设计过程后，你可能会因为工作需要而再次返回阅读第二部分的内容。

////////////////

在这么长的介绍的最后部分，我想提醒你，本书的行文

① 美国大学各学科的介绍性课程的编号从 101 开始，这意味着学习基础知识阶段。——译者注

风格有些与众不同。本书的文风有些怪异——里面有让人不愉快的例子，有对性别歧视、种族主义和其他不可接受的行为的公开嘲讽，我承认我会一直对这些内容感到愧疚的。但是我为什么要这么写？我故意采用这种语气，是因为这类商业书（我的编辑说这本书属于商业书）如果采用传统的写作模式，通常会疏远和挫伤那些最需要它们的人，所以我如此贴近地气地写了这本书。这本书确实是我写的，如果你对它有疑问，请直接对我提出批评。

对于“我们为什么会如此行事？”这一问题，本书挑战了盛行的观点。同时，我们也要反问自己，对于将要发生的行为改变，我们有什么先入之见？书里通俗化的语言风格让这本书看起来不那么专业。它的内容不是由一位西装革履、身材修长的白人男性向你娓娓道来的，我也不是本书的形象大使或原型。行为改变会让你很不安，但是如果你掌握了这一能力，你会爱上它的。

还有一个关于平等的问题：你实施干预设计过程不需要博士学位。我向你保证，你不需要博士学位。我在写本书的时候还没有博士学位，但我差不多也算是一个专家。如果行为是你的结果，科学是你的过程，那么你就是行为科学家。如果看门人开始研究如何让男人小便在便池里而不是地板上（便池放芳香剂的真正原因：男人在小便时喜欢进行目标练习），他们就是行为科学家。获得博士学位确实会让你更好地重复实验，使科学成为你的过程，行为成为你的结果，但是具体的实践方法有很多。记住，最重要的是创造行为改变。

但即使是平等的东西也需要保护。苹果公司并不想让人们总低着头看手机上瘾；行为改变不是为了形成习惯［脸书（Facebook）：呵；烟草业：呵呵］，我也不想让你一直为本书着迷。大脑里的化学元素会让我们对一些产品着迷（或者心生厌恶）。如果设计是为了让人形成某种习惯，或需要重构人们的大脑程序，这就不合乎道德了，也是我们要刻意避免的，因为我们的大脑需要节省认知资源，创造捷径。设计行为改变是为了创造条件，让我们按照自己最初的动机行动。有时候，就像一条路的形成，新的频繁的行为确实能形成某种习惯，这种习惯的形成必须基于自然的重复，而非人为设计的结果。

这本书不是关于神经科学的书，也不是站在道德制高点上的言论。我反对利用设计让人形成某种习惯，我也对有性别歧视的首席执行官颇有意见（特拉维斯[①]应该始终对他在优步任职期间出现的系统性性别歧视负责[②]）。我不愿意花超过两分钟的时间购买衣服，当衣服出现在我眼前时，我完全按照我个人的喜好做出选择，但我不反对你在看到合适的衣服时讨价还价一番。如果有重要的研究，我会在该引用的

---

① 特拉维斯·卡兰尼克（Travis Kalanick），优步（Uber）的创始人兼 CEO（首席执行官），是共享经济的“代言人”。——译者注

② 特拉维斯在优步任职期间，在公司里采取和实施了一系列具有性别歧视性质的策略和措施。——译者注

地方引用它，但你不要指望这本书有很多脚注；同样地，你也不应该因为一本书有很多脚注，就全盘接受它。我希望你从科学中受益，但不要求你像对待祭坛一样崇拜它。同理，当公司或产品带来好的行为改变时，我会大声说出它们做了什么。这不是对它们的商业目标或领导者的认可，这种分析旨在帮助你改变你的行为，这样你就可以改变他人的行为了。

最后，要关注压力的双向性。从根本上说，任何可以被用来增加行为的压力也可以被用来减少行为；更强的促进压力或更弱的抑制压力可以提高行为发生的可能性，更弱的促进压力或更强的抑制压力则会阻碍行为的发生。因此，虽然这本书提供了寻找促进行为的方法的一般框架，但它描述的方法也可以被用来阻碍行为。这是一个通用的模型，我这样写只是为了写作方便，所以请记住：压力是双向的。

还有一个更基本的二元性，任何强大的理论框架（和蜘蛛侠漫画）都具有这样的二元性：这本书可以被用于做善事或者做恶事。我们为减少吸烟行为所做的改变可能会被逆向使用（并且已经被逆向使用），从而导致吸烟行为的增加。在我学术生涯的早期，我写了一篇关于如何帮助人们少花钱、多存钱的论文，后来我意识到，这篇论文可能会被别有用心的人用来鼓励人们多花钱、少存钱。随着时间的推移，我了解到，行为改变是既得利益者之间为了增加或减少某种行为的一场战争。通常是财大气粗的大公司取得胜利，因为它们更有能力去强行改变人们的行为（也因为2 000亿美元的广告支出是一个相当大的促进压力）。

但不要被吓倒，振作起来，这本书就是来帮助你的。这本书是我与当下社会现状战斗的武器。我喜欢英国著名说唱歌手“街头小子”[①]的一首歌里的部分歌词，因此将它们作为开战的呐喊。

> 他可能会拿到扑克牌里的大王
> 所以你要将手中的扑克牌连成小顺子[②]
> 然后你就能赢了他，伙计

大公司会利用行为改变来销售更多香烟、子弹或糖，它们总是握着一手对它们有利的牌，就像“街头小子”描述的特权精英总是拿着扑克牌里最大的牌一样。但是大规模的广告会增长它们不再寻求其他有效方法的惰性，使它们难以保持优势。它们被困在《广告狂人》的模式里了。然而寻找小规模作战的方式会更好，因为这样更便于进行预试验。那些想与吸烟、暴力或肥胖做斗争的人永远不会有广告预算，但是我们可以通过人人参与的方式进行系统的行为改变，这是更聪明的斗争方式。我们有责任把这样的小规模作战的方式运用起

---

① 街头小子（The Streets），真实姓名为迈克·斯金纳（Mike Skinner），英国说唱歌手、音乐人、唱片制作人、演员。——译者注

② 扑克牌中的小顺子，如“A2345”。——译者注

来，这样才能比大公司做得更好、更快。这本书不是一则明确的宣言，但是你可以把它作为一则行为宣言来阅读。

这不仅仅关于善意与恶意。同样地，和使用任何其他强大的东西一样，如果你不负责任地使用干预设计过程，即使你有最好的意图，你仍然可能会造成严重的后果。我以前犯过这类错误，我将来可能还会接着犯类似的错误。因此，本书有一节将专门讨论道德规范。请记住，行为改变最好有一个众所周知的目标，你和那些你想改变他们的行为的人都要清楚地知道这个目标。如果你们不确定这个目标，那么你们就需要停下来，开展讨论，并进行调整。我不能强迫你时刻保持谨慎，但我建议你谨慎点儿。

现在，我按照我的模式总结一下这本书。这本书的主题是描述干预设计过程，它的一个明确的行为结果是：当你想要改变世界，并且你已经阅读了这本书时，你就会制定一个明确的行为目标，并系统地实施你的干预措施，以达到改变行为的目的。通过这样做，你不仅能更有效地改变行为，还能加快迈向更美好的世界的步伐，这是我衡量这本书是否有效的唯一方式——建立一个更美好的世界，别无其他。

我都解释清楚了吧？我在此借用马文·盖伊①的一张专辑的名称："让我们开始吧！"

---

① 马文·盖伊（Marvin Gaye），美国摩城唱片著名歌手、作曲人，有"摩城王子"之称，对许多灵魂歌手都有巨大影响，是黑人流行音乐史上最受人敬重及喜爱的超级巨星之一。——译者注

11

行为改变的基本要素

第 1 章

谷歌都要学习的事……

当我们想要改变某种行为时，我们要从分析可能性开始——观察我们当前所处的世界与我们想要在其中生活的世界之间的差距。然后我们验证所做的分析，写出具体的目标行为陈述，这一陈述既可以让我们明确我们目前状况的成因，也会成为促成改变的杠杆。在验证这些成因后，我们将设计一些干预措施调节这些因素，然后从中选择某些措施，并确定这些措施是否合乎伦理道德。我们要对这些措施进行预试验（并验证），然后进行小规模测试（并验证），如果这些措施被验证有效，我们就可以进行大规模试验，同时密切关注整个过程，以保证干预措施帮助我们实现既定目标。总的来说，上述内容就是干预设计过程，也是本书的核心。我们把行为改变作为工作的中心，就意味着我们要一遍又一遍地重复这个过程。

接下来是故事时间！

2012 年，我以首位行为科学家的身份到微软工作，我研究的产品之一是必应（Bing）搜索引擎。那时有个广为人知的说法：孩子们在学校使用搜索引擎的次数并没有我们预想的那么多。这就奇怪了，学校应该培养学生的好奇心，搜索引擎不正是解决这个需求的最合适的工具吗？

这项研究与其他可能性研究一样，首先我们要确定，我们到底是真的想对此进行深挖，还是只是寻求权宜之计。我们称其为可能性分析，是因为科学界在证明分析的真实性之前，会假设它们是错误的，而不是正确的。这种对假设的善意怀疑确保了科学的严谨性，也驱使我们不断检验已有的认知。所以为了验证这个说法是否正确，我去找了一些数据。我统计了几个学校的学生总人数，并搜集了它们的 IP 地址（网际协议地址）等信息，提取了学生们的查询日志，然后通过计算 QPS（queries per student），即每位学生的查询次数（我一直为自己创造了这个缩略词而自豪，但后来我发现工程师们早已将 QPS 定义为每秒查询率，即 queries per second），发现这个值小于 1。这个值很小，可是这些年轻学生既懂得搜索技术，又要做功课，所以每个学生每天不到一次的查询次数让人感觉很不正常。

但单凭这些数据是不能轻易下结论的。所以我又到一些教室中去观察学生们当前是如何进行信息搜索的。观测结果与我之前得到的数据相符，也就是具备科学家们所称的聚合效度：因为不同来源的数据都支持同样的结论，所以结论的可信度很高。来源不同的数据能保持一致是好事，但是，如果定量分析能够得到定性观察的证明就更好了。在本案例中，我们搜集到的数据显示，尽管学生们花了大量时间在电脑上，但是他们搜索的次数却很少，QPS（是的，这个词很不错）值小于 1。

我意识到这种情况可以得到改善，于是写了一则目标行为陈述，明确了我想要追求的最终目标，它大概是这样的：当学生想寻找问题的答案时，如果他们在学校，且身边有可以上网的电脑，他们会使用必应去搜索答案（他们的搜索次数可以由 QPS 来衡量）。于是，我和必应项目组及微软社区的一些成员一起开始寻找影响学生们搜索的促进因素和阻碍因素。各种促进因素浮现：从社会的求知欲（如诺斯底主义——一个有趣的词）到做家庭作业的需求。同时，我们也找到了一些阻碍因素，如网速太慢、解释太复杂、结果的呈现欠直观等。

然后，我们再次回到教室，验证我们列出的这些促进因素和阻碍因素。在这之前，市场营销部门就有人坚持要求把好奇心视作促进因素，拼尽全力要开展一个价值数百万美元的广告项目，项目中的这些广告都是关于世界奇迹的，可以激发孩子们的好奇心。你可能觉得这听起来很耳熟，没错。几年后，谷歌就是按照这个理念在超级碗[①]广告上花了一小

① 超级碗（Super Bowl）是美国职业橄榄球大联盟的年度冠军赛。——编者注

笔钱，试图推广语音辅助搜索的（这件事跟我没关系）。

在我稍做停顿，并带团队成员回到教室观察学生们之前，这位迫不及待的营销人员就已经做出了多个方案。我们很快就证实二年级的学生确实有着强烈的好奇心。事实上，大多数成年人希望孩子们少问一些问题。一个学生接连问了我好几个问题：如果我是科学家，为什么我没穿白大褂；我认不认识他在微软工作的叔叔；他是否可以去上厕所；等等。这么看来，促进因素确实存在，强烈的好奇心会促使学生们去使用搜索引擎。用一场规模宏大的广告活动去刺激学生们已然爆棚的好奇心，这在我看来是巨大的资金浪费（我在这里为营销人员说句公道话：人们天生偏爱促进因素）。

验证结果显示，目前的搜索量少是老师造成的，而不是学生的原因。老师们担心网络不安全，担心学生们被广告洗脑，担心学生们的隐私被泄露。此外，他们还担心，如果在课程中加入搜索环节，学生们就不再会有迷惑，这会使他们的好奇心丧失殆尽。接着，我们对这些阻碍因素进行了深入分析。

内容不当是一个明显的阻碍因素，尤其是工程师口中的“成人内容泄露”（adult leakage）（成人尿布生产商 Depends 也用这个短语指成人尿失禁造成的“泄露”）。如果搜索关键词明显含有成人内容，老师是清楚该如何处理的。比如，如果小约翰尼搜索“胸部”，会出现很多搜索结果，不是每条搜索结果的内容都适合小约翰尼这个年龄的学生看。但是，当搜索关键词是“骑自行车的女孩”时，如果搜索结果显示的是一个骑在哈雷摩托车上的比基尼模特，而不是骑三轮车的小女孩，那就完全是另一回事了。出现少儿不宜的搜索结果，这并不是学生或必应本身的错，但成人内容泄露的确是个问题（请 Depends 公司记得给我打广告费），这表明教室中的搜索结果需要一定的限制。

广告是一个阻碍因素，这也很好理解。搜索服务靠广告盈利，所以在用户上网的时候会不断有广告骚扰用户。按照常理来说，广告不能进学校，但品牌商却可能经常利用小孩子打广告，把小孩子变成行走的广告牌。老师不想让学生的搜索行为变成广告商的赚钱途径，因为这与老师的班级管理者的身份不符。据我所知，教师的身份意识是一个极其重要的因素。

另一个阻碍因素是对个人隐私的担忧。调查时，虽然老师们不清楚谷歌会拿学生们的信息去做什么，但有一点他们可以肯定，那就是把个人信息提供给谷歌绝不是什么好事，必应在这方面也好不到哪儿去。此外，个人感觉也是各种促进因素和阻碍因素之一，感觉和事实一样具有影响力，甚至比事实更有影响力。尽管我们的工程师坚持认为保护隐私安全在技术上没有问题，但我还是说服他们，要顾及老师们的感受，要向老师们证明这一点，以打消老师们的顾虑。我建议工程师们给自己的妈妈打个电话，问问她们对搜索引擎窥探个人隐私的看法。定性验证让我们解决了这个问题！

最后，还有一个实际问题：教育孩子很难。真的很难。我为了拿到教学学位，在八年级任教了一个学期，这段时间是我人生中最艰难的时期。老师要花费大量的时间管理班级，同时，搜索技术的教学缺乏体系，这可能会使课堂变得很混乱。老师们既想让学生们保持好奇心，又不想让整个课堂变得像小说《蝇王》[①]中那样混乱。

在全盘否定那个耗费数百万美元的广告项目后，我们对确定的四个阻碍因素设计干预，选取了几个看起来行得通的措施。接下来，我们召集了整个公司的人员来检查干预措施是否合乎伦理道德，同时邀请专门研究校园数字融合的外部策略智囊团参与进来，以确保我们在实施干预时不会遇到任何盲点。终于到了最后一步：我们选择了三个当地学校进行预试验。我们采用了双管齐下的方法：一是围绕必应的主页图片（必应每天会更换一张与美国《国家地理》杂志的风格类似的照片作为首页背景），设定每日的搜索内容，让孩子们花较短的时间系统地学习搜索技能；二是推出已开启安全搜索功能的必应特别版，将不良信息泄露的可能性降到最低（但不会丧失信息的趣味性），没有搜索广告，减少对个人数据的收集。预试验还不够成熟，或者说不那么“尽善尽美”：

① 《蝇王》(*Lord of the Flies*) 是英国现代作家、诺贝尔文学奖获得者威廉·戈尔丁创作的长篇小说，也是其代表作。该小说讲述了未来第三次世界大战中的一场战争，一群 6～12 岁的儿童在撤退途中因飞机失事被困在一座荒岛上，起初他们能和睦相处，后来他们逐渐开始互相争斗较量，产生了悲剧性的结果。——编者注

搜索技能培训课程计划是我设计的，并且搜索体验是通过对现有数据添加几行代码来提升的。

是的，这个课程被我定义为“专为培养好奇心而设计”的课程。好的行为设计是一个科学的过程，其目的并不是去追求纯粹的真理，有时奉承一下市场营销部门也不见得是件坏事。跟我一起默念：我们注重结果，我们注重结果，我们注重结果。一直说到你相信这句话为止。

预试验的结果很快就出来了：从定性上看，学生们和老师们都对搜索抱有极大热情；从定量上看，QPS 值升高了，虽然上涨幅度不明显，但它起码在朝着正确的方向发展。这就是在进行小规模测试前所需要的检验，在接下来的测试中，我们选择的地区范围会扩大，课程计划也会由专业的课程设计者设计。（很庆幸我们没有将预算投入增强好奇心的广告！）此外，我们得到了工程师团队的全力支持，他们提供强大的技术解决方案。

好的测试能显示研究是否具有价值（果汁是否值得我们去挤）。事实上，找到能在一定程度上改变行为的干预措施并不难，难的是确定哪些措施值得一试。比如，工程师想开发一个每台电脑都必须安装的桌面客户端。这会让主管全区计算机的管理员被激怒，并诅咒必应办公楼里的每一个人。这种情况我们就不要再试了。

IT（互联网技术）部门主要负责影响力最小的阻碍因素，这个部门经常人手不足，而且员工都超负荷工作。于是我想出了一个简单的解决方案：直接告诉我们IP地址范围并给予我们权限，这就是IT部门参与我们项目的方式。为扩大试验范围，我乘坐飞机前往较大的地区，说服人们优先考虑参与我们的项目。但还存在一个问题，对于飞机到不了的较小地区，我不确定是否有人愿意加入，哪怕是以简化的形式加入也行，他们的意愿对整个测试来说非常重要。

同时，市场营销部也在试图想办法让家长们参与进来，最后我们推出了一个名字叫Box Tops的项目，这个项目让家长把微软的奖励积分捐给学校，学校可以用积分兑换笔记本电脑，不过这个项目在一年后就被撤销了。我们之所以需要进行小规模测试，是因为有可能预试验开展得很顺利，但是小规模测试的结果显示我们在预试验中所选的并不是一个强大的促进因素。不要期望你永远是正确的，偶尔犯几个小错误是难免的，只要不是太大的错误就没关系。

好在验证结果显示，我们所选的因素起了作用。各个地区都参与了进来，最初的新闻报道也是正面的，获得的数据既显著又积极：学生在学校的搜索次数上涨了40%，在家的搜索次数也出人意料地上涨了15%。我们从而得以进行大规模试验：在必应学校版首次发布的当天，10个最大地区中的7个承诺加入我们的平台（我想可能是我的阿拉斯加航空的终身飞行旅客身份及来往于各个地区的游说起了作用），另外，在发布当天参与进来的学生人数就有700万。分析团队持续进行监控，确保QPS稳定增长，然后整个干预设计过程进入 2.0 阶段，即对新版本必应进行新一轮的干预设计。

你知道这一行为变化有多大吗？要知道，那时搜索引擎对市场份额的争夺很激烈，哪怕 10% 的变化都可喜可贺，值得昭告天下了！我们仅仅通过一次简单的行为改变设计和一些课程计划就让搜索次数上涨了 40%，原因在于我们一开始就知道要达成的目标，并把营销晾在一边，逆向设计了干预措施。再见，亲爱的！[①]（自从施瓦辛格成为州长后人们就很少听到这句话了。不用谢我！）

事实上，这件事做得太成功了，连谷歌都不得不向我们学习。六个月后，谷歌也停止了数千万美元的广告投入，关闭了针对学校的广告。这就是行业的本质和行为变化：当你消除了阻碍因素并取得成功时，其他人就会试图快速跟进，但他们对你验证各种因素、实现行为改变的过程一无所知，这将是他们走向成功的一个巨大障碍。

就这样，必应在学校中获得了成功，这算是一个圆满的结局。从分析问题到小规模测试花费了将近一年的时间，但是这个过程的核心阶段，即从分析问题到预试验，只用了 8 周。这是个很典型的案例，用大概 1 周进行可能性分析，用 2 周进行验证并找出促进因素和阻碍因素，用 1 周进行干预设计和选择，用 2 周进行预试验并使之运行，再用 2 周对之

① “再见，亲爱的！”原文为“Hasta la vista, baby.”这是施瓦辛格在其主演的电影《终结者 2：审判日》中说的一句经典台词。——编者注

前的定量数据和定性数据进行验证。

现在你对干预设计过程已经有了一定的了解了。你可以合上书休息一会儿。你如果不想休息，可以接着往下读，对于接下来的内容，我们将从分析可能性和如何对其进行验证开始介绍。

第 2 章

可能性和可能性验证

任何一个成功的科幻神话的核心思想之一是存在多元宇宙，即每做一个决定，就会创造一个时间轴分支，并形成两个新的宇宙，一个选择通往一个宇宙，另一个选择通往另一个宇宙。投掷一枚硬币，朝上的那一面可能是正面，也可能是反面，这两种可能同时存在。一些物理学家认为真的有两个宇宙同时存在的情况，这就意味着存在另一个令我不快乐的宇宙——在那里我不会每天都穿牛仔靴。

从理论上来说，这意味着存在一个接近完美的世界（乌托邦式的世界）与一个几乎毫不完美的世界（墨菲定律下的世界[①]），而且在这两个极端之间存在一系列的世界。我更

① 在墨菲定律下的世界里，事物都处于最糟糕的状态，凡是有可能出错的事情都一定会出错。——译者注

倾向于认为，我们的世界接近乌托邦式的世界，但我没有办法来证实这个想法，因为完美很难衡量。但可以确定的是，我们并未生活在墨菲定律下的世界，因为我们是有辣奇多芝士条[①]吃的。

假设物理学家的猜想是对的，那么在某个地方就存在一个没有辣奇多芝士条的世界。在那里，舌头不会被辣奇多芝士条辣得像被火烧，眼睛不会被辣得流泪，人们不如我们那么开心。造成这一切的原因是生活在那个世界的人们没有分析另一种可能。当世界出现分岔时，他们选择了那个不完美的世界。这里的另一种可能就是：承认存在不同的可能，并认为自己有机会接近完美的乌托邦世界。可能性分析将这两个不同世界之间的距离展现在我们面前，这种可能性一经证实，我们就可以探究这两个世界的差别，并设计相应的干预措施来弥合两者的差异。

必应学校版的可能性就是：学生们并没有遵循他们天生的好奇心去使用必应搜索。我们所设计的干预使我们从一个不完美的世界，即学生们没有搜索兴趣的不完美世界，来到学生们愿意进行搜索的更完美的世界。“辣奇多芝士条”这件事情中的可能性是：没有一款真正面向拉丁市场的口味的芝士条。

辣奇多芝士条是个有趣的故事，其干预设计过程事出偶

---

① 奇多（Cheetos）芝士条是一种用玉米粉制成的芝士口味的膨化食品，由食品公司菲多利（Frito-Lay）生产制造。——译者注

然。其创意来自菲多利公司的门卫理查德·蒙塔兹（Richard Montañez）。他认为奇多芝士条的味道不够刺激，所以它在拉丁市场不受欢迎。于是他做了一种类似烤辣玉米（一种墨西哥街头食物）的脆条，并进行了一次非正式的预试验——和他的朋友们分享了他的新口味脆条。朋友们非常喜爱这种口味，这证明他的见解是正确的。蒙塔兹给公司总裁打电话，说明了这个创意，总裁鼓励他进行一次规模更大的预试验。在正式的预试验中，蒙塔兹亲手做了一些小吃，打包送给总裁的团队品尝。稍后，他又进行了一次更为正式的市场测试，最后才开始规模化生产。从此，辣奇多芝士条成为菲多利公司最畅销的零食。这些都来源于对可能性的敏锐洞察：如果菲多利公司针对拉丁市场开发出辣味脆条，这将是一个更完美的可能世界。

干预设计过程是为了找到现实中已有的事物的替代品，分析这种替代品的可能性，并将可能性转化为现实，确定其是否可以创造价值。有四种发现可能性的方法：定量分析、定性分析、基于个人感觉分析、基于外部资料分析。

第一种方法是定量分析，就像其字面意思一样，其依据是数据。数据可能呈现为某种模式，例如反复出现的、出人意料的或难以解释的相关性，也可能源于对正、负异常值的研究。因此，尽可能多地搜集数据非常重要，而且在搜集数据前并不一定需要进行某种假设。发现新的可能性意味着关注原本被忽略的东西。如果只是依靠已经存在的某种假设，就很难有新发现，这是故步自封。如果你想要数据帮你发现新的可能性，你就会经常觉得这些发现似曾相识（这是因为大脑也喜欢寻找一致性），这样你永远不会有收获。

定性分析与定量分析很相似，不同之处是定性分析依据的是个人经历，而非数据表格。你是否也曾有这样的经历：你一边观察身边的人，一边兴奋地想着，“嗯……这真有趣”。如果是这样，那么你就获得了定性见解。进行定性研究最好的方法就是与不同的人交谈并观察他们（无论他们是否已经在使用你的产品，有时候这还可以帮你了解他们为什么不使用你的产品），这是众所周知却又很少有人去做的事情。查尔斯·皮尔逊（Charles Pearson）是三叶草健康医疗公司（Clover Health）的客户研究专家，他多次组织公司员工去老年人社区做志愿活动，让员工们了解美国老人的生活。这是最好的策略，因为你不可能强迫人们找出问题，但你可以为他们创造一个发现问题的环境。在定量研究方面，三叶草健康医疗公司允许员工自由进入公司的数据库，这也是该公司做的另一件特别值得称道的事情。公司的每个人都可以先学半个小时的结构化查询语言（Structured Query Language，简称 SQL），然后形成自己的见解。

个人感觉并非通过观察所得，但这种感觉在你的公司却可能被广为接受。必应学校版就是这样开始的：不知何故，微软的每个员工都认为学生们不会用必应进行搜索。每个人在初次去一家公司上班时，尤其要注意这种真实的个人感觉。我有一个不成文的原则，即我在入职新公司的第一年内不会从事管理工作，原因很简单，我想在这一年内听听其他员工已经形成的对公司的见解，这样我就可以验证或放弃这些见解了。在我开始管理他们后，我会请新员工与公司各个部门的同事共进午餐，记录那些新员工的见解，以待验证。因为员工一旦在一个企业长期工作，往往会习以为常地接受周围的一切，在看问题时很快会丧失外来者的视角。

最后是基于外部信息分析。这些外部信息来自外面的世界，而不是你所在的公司。研究论文有助于获取外部信息，也可以从其他行业和学科获取信息。和不同的研究生吃午饭是我的乐趣之一，因为这一过程能让我获得来自不同领域的视角，我有可能会把它们用到我的工作之中。目前，研究生是我所知道的唯一在学术上未经开发的资源。他们选择终身研究某个问题，但是行业里的人并没有给他们谈论自己的想法的机会。记住：请研究生吃午饭。这是至今最好的方法，将他们当作咨询师，并为他们的知识付费。这种方法与聆听个人感觉一样，你通过从别人那里获取知识来使你的干预设计过程更有效果。

无论上述哪种方法促成了干预设计过程，你都应该保持怀疑的态度。要记住，在科学领域，信息只要没被证实就是错的，尤其是那些真伪未明的见解和外部信息。人们侃侃而谈的信息可能源于道听途说，也可能源于一次并不理性的电话交谈，在这种电话交谈中任何信息都会变得面目全非。所以，任何新的可能性都需要经过验证。这里我们寻找的是聚合效度，即不同来源的证据都支撑同一个结论。例如，依据处方药的数据，我们认为，通过病人填写的家庭住址能够判断他们是否可能去最好的药房。但除了依据数据这一方式，我们还需要从其他途径获取信息以确定这个判断是否正确。用定性检验的方法，我们可能会直接跟当事人交谈，或者查看电话记录，或者直接询问医生的看法。另外，从个人感觉的角度，我们可以询问公司里知识渊博的同事，请他们来评价这种判断是否真实可信，当然，这是一种完全主观的方法。最后是搜寻外部资料的方法（谷歌学术是你的好帮手），你可以尝试去了解药品选择的趋势，从公司以外的地方获取更多信息。

在整个干预设计过程中，验证不可或缺，贯穿始终。想象一下，这就像在搭一张桌子时，你要用几条分开的桌腿来支撑桌面一样，你也需要用来自多方的证据来证明你的结论。因此，我们不赞同《广告狂人》的世界，在那里，人们只按照自己的意愿做事情，操纵数据或其他资源来得到自己想要的结论（世界各地的数据科学家正在点头同意我的这个看法）。你的大脑比较懒惰，倾向于自欺欺人，或确认已有的见解，即确认偏见。当你开始相信一些事情时，你的大脑就会自动开始为你挑选一些可以支撑这个信念的佐证了。改变观念需要消耗大脑的认知资源，而大脑就像那些赖在电视前不愿挪窝的电视迷一样懒。在进行聚合效度的研究时，资源越多元，就越能避免确认偏见。

就像桌腿需要相互分开支撑桌面，寻找多方论证的一个有效方法，就是将每种论证方法交给该领域的专业研究员，然后对他们进行不同领域论证方法的交叉训练，以便相互验证。如果每个研究员在汇总结论之前都对自己的结论进行独立论证，就不太可能自欺欺人，整个研究团队也不会太早下定论。我在三叶草健康医疗公司的团队里既有定量研究员也有定性研究员，我每三个月会请外面的研究生或者博士生来做一次外部资料验证。（再次重申，研究生是我们的朋友。）每周研究员和项目管理者都会聚在一起，对比各自的发现，进行聚合效度验证。同时，他们能发现某个领域新的可能，其他领域的研究员可以一起参与对这个新问题的深挖。他们也有加强学习的 T 时间。

好的行为科学家是 T 形的，即他们在某个领域拥有专业知识（就像 T 的下半部分），对其他领域也有浓厚的兴趣（就像 T 的上半部分）。每周五我们都会花一个小时，请专业人士从他们的角度进行方法讲解，这些在我们专业之外的知识有助于拓展我们的眼界。然后，我们又会花一个小时对刚听到的知识进行讨论，从而使外来专家的讲解与我们的工作实际结合。

花这么多时间训练我们的团队是因为交叉验证实际上贯穿了整个干预设计过程，这种训练让我们避免基于错误假设得出错误的结论。我们可能永远无法洞悉事物的存在、影响因素和干预方法，但是结合运用定量分析、定性观察、在管理上抵制“集体错觉”这三种方法，我们就可以减少风险并增加规模论证的成功机会。这就是行为科学，科学的一部分就是乐于犯错。这就是为什么优秀的经理们会因团队成员证实一种可能而嘉奖他们，也会因团队成员否定一种可能而给予同样的奖励。

同等重要的是，你要关注你正在验证的可能性。人们经常只用研究来验证自己已有的想法，这是一种“事后检测”（post hoc）。在一个公司里，当提出见解的人和验证见解的人权力地位不同时，这种情况就特别容易出现。这在“勇于推向市场”（just ship it）文化中尤为突出，这种文化用推出最小化可行产品（minimum viable product）[①] 取代用户研究。这种做法的理念是，在简单推出一个产品后，接下来唯一要做的就是搜集客户对产品的反应。这到底是在验证什么呢？如果我们草率地将辣奇多芝士条推向市场，但它并没有马上畅销，我们能得出什么结论呢？拉丁市场对此没有兴趣？这款零食的营销力度不够？味道不对？如果它受欢迎，而你不知道这一款产品为何受欢迎，那么你又如何推出下一款产品呢？

---

① 推出最小化可行产品就是在市场不确定的情况下，通过设计实验快速检验产品或方向是否可行。如果一个假设得到了验证，那么就再投入资源，让产品大规模进入市场；如果没有通过验证，那么这就是一次快速试错，需要尽快调整方向。——译者注

验证的目的是通过先进的科学过程来确保我们达成目标，而不是指望突然射出银色子弹[①]，一发中的。毫无疑问，推出最小化可行产品这种做法是以创始人为中心的冒险神话的产物，这种神话实际上凸显的是特权和专断。亚当·格兰特在《离经叛道：不按常理出牌的人如何改变世界》(*Originals: How Non-Conformists Move the World*）一书中强烈谴责了这一冒险的做法，他不是唯一持有这种观点的人。热衷于冒险是认知偏差导致的。记住"街头小子"所说的——只有通过验证才能让手中的小顺子发挥作用，再加上一点拳击艺术的智慧：慢才能求顺，顺才能求快。在验证中不存在所谓的浪费时间。

市政厅会议[②]和见解的多样性

想想我们的朋友理查德·蒙塔兹——创造神圣的辣奇多芝士条的勇士。他将可能性成功地转变为美味的现实，这种情况并不多见。你是否注意到我说他是一个门卫？你是否注意到我说他来自一个不具有代表性的少数群体？你是否注意

① 银色子弹，或者称"银弹""银质子弹"，指纯银质或镀银的子弹。在欧洲民间传说及 19 世纪以来哥特小说风潮的影响下，银色子弹往往被描绘成具有驱魔功效的武器，是针对狼人等超自然怪物的特效武器。后来它也被比喻为具有极端有效性的解决方法，是"杀手锏""最强杀招""王牌"等的代称。——译者注

② 市政厅会议也叫市民大会，是一种非正式的民众集会，美国竞选者与当地选民保持接触和交流意见的形式之一。候选人在市政厅会议上与群众直接对话，拉近与群众的距离。——译者注

到我说他直接给总裁打了电话？这是因为拥有 55 000 名员工的菲多利公司，做了食品行业其他公司不会去做的事情，即倾听员工的意见。在员工的上岗培训中，公司鼓励员工直接打电话给总裁，只要员工觉得这是有必要的（强烈的促进压力），而且，每个人都有总裁办公室的内线电话（减少抑制压力）。

公司通过扁平化管理，即越过层层管理等级，获得创意，这种方式能获得成功是有原因的。从辣奇多芝士条事件可以看出，压根不用考虑什么正式的提建议的程序，蒙塔兹有了一个想法，即使他的职位很低，他也可以直接去找最高层的决策者。他具备了顾客和员工的双重身份，这很罕见，但确实也很典型，这是一个双赢的案例。蒙塔兹现在是菲多利公司的行政人员，一个激励性的发言者，他告诉员工，每个人在工作中都有自己的话语权。

这次成功并不是巧合。菲多利公司的制度让潜在的可能得以展现，不同部门之间交流合作的制度促成的良好建议如雨后春笋。对于要搜集和验证的资源来说也是如此。在做微软的必应学校版调研时，我要兼顾定量验证和定性验证的工作，而这两部分工作理应由不同的部门负责。这种超负荷的工作让我疲惫不堪（在微软工作的那段时间，我经常哭，总是想辞职）。给大家提供便利的验证资源，让他们形成自己的见解，这样资源和个人见解的作用能得到充分发挥，也有利于开启干预设计过程。

这是因为，一般而言，在起步阶段看到的可能性越多，干预就越有可能成功，改变行为的机会也越大。随着我们对影响因素的逐步聚焦，我们就能设计出成功的干预措施。一开始拥有的见解越多，验证就越快、越彻底，就能设计更多的干预措施。更多的干预设计意味着需要进行更多的预试验。一次验证一个新的奇多芝士条的味道，验证完后，我们会得到更多关于奇多芝士条味道的信息，也就离乌托邦世界更近了一步。

还有一个特别的案例，这个案例的主角是特别厉害的美国前任总统巴拉克·奥巴马（奥巴马是首位在白宫成立正式行为科学中心的总统）。奥巴马在执政期间，通过白宫政务部门搜集了大量美国民众的问题和建议，将其移交给他的下属去验证。巴拉克·奥巴马是一个行为科学家。看，这不仅仅是门卫们的行为！

美国男装品牌 Bonobos 是另一个成功案例的主角，说明了扁平化管理为何有效——它尊重人们对反事实世界的观察和想象。如果一个体形偏胖的员工穿不进紧身裤，公司里的其他人并不会嘲笑他，反而会鼓励他把这个烦恼分享给他的同事。在微软的一次全体公司会议上，史蒂夫·鲍尔默（Steve Ballmer）因开玩笑地假装踩员工的苹果手机而出了名。这一行为收获了一些廉价的笑声，但是传递了错误的信息。我之前说过，我在刚进公司时是拒绝管理他人的，这样才可以保持我的客观性，还记得吗？是的，我们需要捍卫自己的产品，但是我们也需要尊重他人的经历，尊重他们做出不同但合理的选择。

上文提到的“粗腿先生”的意见很有价值，因为其他人也可能会有这样的烦恼。因此 Bonobos 做出了回应——设计新的款式以满足更多顾客的需求。由此出现了一个更完美的世界：无论你是何种体形，总有一款适合你的裤子。此外，员工会觉得自己的声音被听见了。当他们走向自己的岗位时，他们会像忍者[①]一样服务客户（是的，他们在 Bonobos 就是这么称呼自己的）。此后，他们会更乐意倾听顾客的抱怨，再回到公司施展自己的拳脚。好的服务态度让顾客满意。顾客有时就是员工，他们不存在本质区别。所以为什么不用内部资源来帮助自己改变行为呢？

如果你是菲多利，那么就去问问你的员工想吃什么味道的奇多芝士条。如果你是微软，那么就让你的所有员工的邮箱地址互相可见，每月开一次公司全体员工自由发言的大会。如果你是 Bonobos，那么就在街道上（或者是公司过道上）展示个性化服务制度，让各种体形的员工成为你的模特并倾听他们的反馈。这就是你明天可以采取的行动：去公司上班，和公司的门卫谈谈。如果你不知道具体应该怎么做，那么这本身就是个大问题。

探究新的可能令人兴奋，就像行为变化本身一样，它

① 忍者（ninja），古代日本的一种接受过特殊“忍术训练”的特战杀手、特战间谍。——译者注

们的本质都是人的行为。这种想象其他未曾实现的世界的能力，虽然不一定会带来纯粹的欢乐，但至少能令现实变得不那么难以忍受，因为我们可以清晰地看到那个色彩瑰丽的技术世界带给我们的满足感。事实上，发现可能始于结果，那个不真实的宇宙离我们如此之近，以至于我们几乎可以尝到它的味道。也许它的味道尝起来像那条还不存在的芝士条一样不确定，但当有人在味蕾的带领下走向通往更美味、更美好的世界的新道路时，它的味道就在我们的嘴边了。

关键是聚焦于行为本身，而不是聚焦于如何创造行为。你应该爱上问题，而不是爱上解决问题的方法。因为，尽管我们喜欢谈论辣奇多芝士条，但真正的问题是拉丁市场不喜欢奇多芝士条原来的味道。我们需要为腿粗的人设计修饰腿形的裤子，很多种方法都可以做到这一点。这就是我们为什么要在进行干预设计之前先对目标行为进行描述。如果你想知道为什么，请接着往下看。

第 3 章

行为陈述的五大变量

我连个平庸的厨师都算不上。我喜欢给别人做饭，但做出来的食物总是超量。我的厨艺真的一直没有起色，大厨们往往会温和而善意地对我的厨艺表示遗憾。一位美食博主朋友曾经赞扬我，说我做出了非常美味的泰国咖喱。我不忍心告诉他，其实我做的是印度咖喱。

但这顿饭并没有失败。为什么呢？因为尽管我打算做印度菜，但我没把我的行为目标设定为“做出美味的印度菜”。我做饭是因为我想把大家聚集在一起，我希望大家能愉快地聊天，我想对他们每个人微笑，想让大家都对彼此笑脸相迎。我真正的行为陈述是关于再次相聚的：我希望参加聚会的人能再次聚在一起，不管我做的是什么食物。放在桌子上的食物无论是美味的泰国料理，还是乏味的印度菜，或者是任何其他可以吃的食物（甚至没法儿吃的食物也可以开启话题，只不过话题的类型不同），都没关系，只要我最后得到的是我想要的结果就行。

干预成功与否取决于我们如何定义行为目标。如果想要的行为结果是做出印度菜，那么我做出泰国食物就明显是失败的。如果行为目标是让朋友聚集在一起，那么首先你要决定邀请谁，然后你要像《梦幻成真》[①] 里面的主人公凯文·科斯特纳一样设立目标，最后朋友们来了，目标达成。如果我们认同这本书的目标——让行为改变成为创造过程的核心——那么为了成功，我们需要准确表达我们想要实现的行为结果。换句话说，我们必须从结果开始。（是的，我打算一直这么说下去，一遍又一遍，请尽快习惯吧！）

我们要写出行为陈述，从行为的角度清晰地阐述我们想要创造的世界。通过洞悉问题及分析验证，我们知道了理想世界的存在，而清晰地描述这个理想世界则为下一步的干预设计过程——寻找影响行为的因素和设计最终的干预措施——奠定了基础。

正如书中所述，我们需要确定清晰的目标。再回想一下微软必应学校版。一接到任务，营销部几乎马上就制定了宣

---

① 《梦幻成真》（*Field of Dreams*）是凯文·科斯特纳（Kevin Costner）主演的一部奇幻电影。该电影讲述了一位艾奥瓦州的农夫受"神秘声音"引导，在玉米田中建造棒球场的故事，表达了对梦想的执着追求、对信念的无比忠贞和对往日纯真的怀念。——编者注

传流程，希望依靠广告宣传激起学生的好奇心。当他们选择了一个他们认为有效的干预方法时，他们实际上忽略了进行干预的最终目的。这样的事情反复发生，这就是现代商业的主要弊病。

如果你觉得这种做法似曾相识，不要感到不安。实际上人们总是倾向于关注过程而不是结果，这是一种自然的心理反应。因为我们对事物的认知基于正在发生的事情——这很正常，因为只有采取行动才能带来改变——所以我们只关注要做什么及如何做，而不是关注结果。这就是过程高于结果：问自己做什么、如何做，比问为什么要做更重要。行动更容易使人获得心理上的满足，而结果在心理上有着很远的距离。干预设计过程框架如此重要的原因是：它帮助我们变得更好，帮助我们以目标为导向，做出清楚的抉择，这个过程是与人的天性抗争的过程。

干预设计过程的核心是行为陈述，它由一系列非此即彼的二元条件构成。典型的行为陈述有五个变量，它们可以构成一个句子。

> 当某些人（人群）想要做某事（动机）时，他们如果具备什么条件（限制条件），就会做什么（行为）[由（数据）衡量]。

如果这句话的结构让你头疼（就像我多次让我的编辑头

疼那样），我们定义一下每个变量，以确定我们对这个句子的理解是一致的。

人群 = 你正试图改变其行为的一群人

动机 = 这群人实施某行为的核心动机

限制条件 = 行为产生的前提条件，这一条件不受你控制

行为 = 当这群人有以上动机，且满足以上条件时，你想让他们做的可衡量的活动

数据 = 你在这群人的行为发生时所做的统计

注意，这里的每个选项都可以用 0 或 1，或者“是”或“否”来回答：你是否属于这群人，是否具有动机，是否具备条件，是否想要行动，是否有可衡量的数据。

行为陈述是如何起作用的呢？让我从我最熟知的例子开始谈起：优步有着一则非常清晰直接的行为陈述，这是它能够成功的一大原因。

题外话：去他的特拉维斯·卡兰尼克。如果你是公司管理人员，你没有主动消除公司的性别歧视，那么你就是一个性别歧视者。尽管特拉维斯不再是优步的首席执行官，但是他仍然拥有优步大部分的股权，优步的每一笔订单都会有他的分红。我用优步来举例是因为我想展示一个特别的行为结果（你在读完这本书后，可以试一试干预设计过程），这并不意味着你只有喜欢上某项干预措施才能使它奏效。但说真

的，去他的特拉维斯，用 Lyft[①] 打车吧。

优步创立的最初目的是解决旧金山人的出行问题。网络公司蓬勃发展，但旧金山不像纽约是个核心城市，它没有庞大的地铁网来方便人们通勤，也缺少招手即停的出租车。新兴产业的出现带来了新的强劲动力。优步最初的行为陈述可能如下所述。

> 当人们想要从一个地点去另一个地点时，他们如果有一部能联网付款的智能手机，并住在旧金山，就可以使用优步（通过他们的打车次数衡量该行为）。

这句话看起来很简单，对吗？这就是好的行为陈述的优点：写作精心，易于理解，思路清晰，语法正确（这一点要向你看齐，我亲爱的编辑）。每项条件表意准确，呈二元性，且可以被衡量。但实际上，写出这样简单明了的行为陈述并不容易，你实际花的时间会比你预想的多得多。你要相信花这份时间是值得的，一则简单有效的行为陈述比你写的其他任何句子都有用。

让我们拆分这句话来看看为什么优步的行为陈述是有效的。

---

① Lyft（来福车），美国第二大打车应用。——编者注

⊙ 人群 = “人们”

优步是一个为所有人开发的手机软件。如果一只小鸡知道怎么用智能手机，我敢肯定优步网约车也会载它过马路的。

优步的不同寻常体现在两个方面。一方面是很多产品和服务都有自己特定的服务群体，因为很难找到让所有人都能接受的产品或者服务。另一方面，经验法则告诉我们，一个公司拥有的资源越少，它的行为陈述涉及的面就越窄、越具体。优步的理念是“要么做大，要么滚回家”，它并不满足于成为一个当地的出租车公司，所以优步最初的受众人群很广（当然，也有一些人始终使用其他方式出行）。对于理查德·蒙塔兹来说，他的行为陈述的目标人群是拉丁裔。对在微软必应学校版工作的我来说，我面对的是 K-12（美国基础教育阶段）的学生们。

⊙ 动机 = “从一个地点到另一个地点”

优步的动机既容易定义又很有特点。首先，从一个地点到另一个地点是个很宽泛的目的。就像之前说的，优步没有特定的服务人群，也不受时间和地点的限制。当然，对于交通高峰期和像凌晨三点这种打车人少的时段，优步肯定有应对方法。但是，无论刮风还是下雨，人们都需要日复一日、年复一年地从一个地方到另一个地方。

从另一方面来说，优步提供的服务也很常见，人们已经习惯使用多种交通方式出行。如果你住在旧金山，你在出行时可能会使用多种交通方式的组合：坐小汽车（包括出租车）、坐有轨电车、坐火车、坐公交车、搭乘轮渡或步行。让人们接受一种新的出行方式并不难，因为人们使用的交通工具已经有很多种了。当然，人们习惯于选择最便利的出行方式——他们基于各自的需要，知道在自己城市里最快速、最安全、沿途风景最好看的出行方式是哪一种——但这些出行习惯并非牢不可破，相反，它们很容易改变，因为人们最大的习惯是使用多种交通工具。

优步在创业初期就将这些优势结合在一起。在写行为陈述时，优步对确定正确动机的讨论不多，但是有效的动机分析是十分有益的。

⊙ 限制条件 =“有一部能联网付款的智能手机，并住在旧金山”

这实际上是优步的行为陈述中最大的挑战。在 2009 年，手机的使用并不普遍，电话服务也不完备，当时的人们并不习惯将自己的信用卡信息保存到手机软件里。更糟糕的是，2009 年，美国 15% 的成年人都没有电子支付方式。[4]

作为一家刚起步的公司，优步并不需要每个人都使用它的打车软件。它只需要展示一个切实可行的模式来吸引下一轮投资，而在地点的选择上，旧金山这样一个年轻的、以科技为中心的城市再合适不过了。尽管行为陈述的变量都是二元的，但尤其值得注意的是，限制条件并不是一个连续变量：限制条件的选择只有“是”或“否”，或者1或0。目标人群有没有智能手机、有没有电子支付方式、是不是住在旧金山，这些因素显然都不是公司能控制的。这点很重要，因为我们很容易将行为的抑制因素归类为限制条件。例如，使用优步打车与打车费用有关，而人们对费用的看法是多种多样的——这些看法可以通过干预得到强化或削弱。

不要试图改变限制条件，这很重要。使用优步的前提是手机里要有优步软件，这不是限制条件，而是优步要通过干预来实现的目标。优步无法让旧金山的用户群搬家，也不会给他们买手机或者发信用卡，这些是限制条件，我们不能对限制条件采取干预措施。

⊙ 行为和数据 =“使用优步打车”和“打车次数”

在这一点上，优步真是一发中的：优步清楚自己想要人们做什么（使用优步打车），也知道如何衡量这一行为（用优步打车的次数）。优步的另外一个优势是，优步依靠其打车软件本身收集数据，不需要进行额外的数据搜集。当然，还有其他各种各样的指标，比如注册人数、软件的使用频率及其他需要公司追踪的信息，但对使用优步打车这一行为本身的统计是软件自动生成的，而且几乎是即时的完整数据。

一旦你开始写行为陈述，你就会意识到行为陈述有多可贵。让我们再来看看辣奇多芝士条的例子：零售业自有其行业特征，很难确切地记录什么时间卖了多少包奇多芝士条。

我写这本书的稿费由销售量决定，要弄清楚什么时间卖出多少本书几乎不可能，因为需要把书运到书店，如果没卖出去还要运回来，还要考虑有的人即使买了书也会因为不喜欢而退货。这就是网络盛行的原因之一：网络能随时产生数据，为行为改变提供反馈。

行为陈述中的常见错误

优步的例子说明行为陈述可以写得很简单。但就像我在上文中提到的，不要掉入简单的谬误中，认为“简单”即“容易”。写出好的行为陈述是很困难的，它是干预设计过程中最难的一部分。你如果想将它写好，就需要避免许多常见的错误。所以在讨论行为影响因素之前，我先花几分钟对这些常见错误做逐一阐释。

● 选择错误的行为

最常见的错误是你对想要改变的行为考虑得不够周到。很可能你关注的是听上去不错，而非确实不错的行为陈述，因此你努力写出来的是一则愿景陈述，而不是一则行为陈述。例如，多年以来，微软的愿景是“每家每户的台式电脑运行的都是微软的软件”。尽管我很喜欢这个愿景及其创造（并仍在继续创造）的美好世界，但是这是一则糟糕的行为陈述。

为什么呢？因为有一台电脑并不是一种行为，如果勉强算是，它也只是受限的一次性购买行为。要想真正地看清楚这个问题，可以想象一下这个愿景变成现实的情景：每个家庭、每个办公室都有一台运行微软软件的电脑。但假设这些电脑都没接通电源，显示器上灰尘遍布，上周洗的衣服还放在上面，因为没有人真的想使用它们，那么这样的电脑对微软有意义吗？微软的愿景陈述完全有可能与上述假设重合，因为愿景陈述只说明了某物存在于某地，没有其他内容。愿景陈述中没有提及这一愿景成真时的行动表现——那些我们知道并喜爱的可衡量的行为。

你可能会觉得这个例子很好笑，但这确实是一个曾经让微软走入迷途的真实例子。很多年以来，微软的办公产品和科技团队都把销售量作为重要的衡量标准。因此，他们的产品特性主要聚焦于公司型客户需求，而忽视了家庭消费者。因此，他们推出了无数的功能，以至于软件的目标群体越来越小众。他们创建了一个非常专业的宏观系统，使 Excel（微软的一款电子表格软件）成为现代财务分析的动力库；创建了复杂的标记语言，使 Word（微软的一款文字处理器应用程序）成为出版行业必备的软件。用户却不知道这些软件是用来干什么的，其原因是微软并非为单个用户设计软件，它设计软件是为了将更多的软件许可证书卖给公司类型的客户。

更糟糕的是，销售人员在卖证书给公司客户时还有佣金可拿。别忘了，微软的目标是每台电脑都用微软的软件，公司是电脑的主要买家，因此，每个员工都只顾销售，微软也实现了其愿景——卖了很多软件。

但问题出现了，续签合同时，那些公司的首席技术官（CTO，全称 Chief Technology Officer）不断想要削减合同，因为他们发现自己公司里没有人真正使用微软的软件。谷歌文档的出现是因为微软并没有注意到软件的实际使用效果，而这才是它应该关注的行为。当微软关注到这点时，它的内部团队才从销售指标转向使用指标（甚至对销售团队的目标也做了转变！）。微软创建了 Office 365 [①] 和 ribbon bar [②] 用户界面，这才让我们这些非金融或出版业人士能够使用 Excel 和 Word。

虽然我的编辑讨厌我这样举例，但是我还是要举另一个微软的例子（我之前也说了，我并不是说微软不好，我有微软的股权，也很喜欢微软的工作）。回到微软最初的愿景：每张桌子上都有一台电脑。这要怎样才能实现呢？这需要将电脑的价格降到最低。微软就是这么做的，通过和英特尔（Intel）合作，他们推出了“上网本”——一台低能耗设备，仅能满足基本上网需求。就像之前售卖的 Office 办公软件的证书一样，上网本刚开始销量不错——2008 年，上网本进入市场没多久，其销量就首次超过了台式电脑。

---

① Office 365 是一种订阅式的跨平台办公软件，基于云平台提供多种服务，可以让任何人使用任何设备随时随地创建和共享内容。——编者注

② ribbon bar 是微软引入其电脑系统的一些可以让系统更好地运行和便于使用的控件。——译者注

问题在于，2007年上网本的平均性能仅和2001年的笔记本电脑相当（不可否认，前者价格比后者便宜很多）。这对购买者来说是好事，但是使用体验比较糟糕。因为在一台便宜的运转不灵活的电脑上，即使是最好的Windows（微软研发的一套操作系统）软件体验也会变成一种折磨，这给微软品牌带来巨大的挑战——人们会认为糟糕的体验是由微软的操作系统引起的，而不是由电脑硬件引起的，因为大多数人都不知道自己买的是低配置的电脑。Windows Vista（视窗远景）操作系统几乎同时被引入市场，人们对这套操作系统深恶痛绝，现在很多人仍然不想提起这个名字。因而微软不得不推迟推出其他类似的操作系统，比如Windows 8和Windows 10，因为差不多有一亿人使用的是低配置的电脑。

微软将重心放在个人电脑和卖软件上，而忽视了电脑本身的运行速度。与之形成对比的是，苹果公司销售的电脑从来都与其系统高度适配，这意味着苹果电脑不论是在硬件上还是在软件上都不会造成不愉快的用户体验。没有人担心苹果操作系统下的新款MacBook（苹果笔记本电脑）或iPhone会系统崩溃，因为苹果从一开始就关注用户体验。

微软最后也开始关注用户对Office办公软件的使用体验。微软推出了Surface（奢飞思）系列平板电脑，像苹果系统一样，Windows也能在一台功能良好的电脑上带给用户愉快的体验。当我还在微软上班的时候，这样的措施让公司的股价增长了5倍，关注用户体验开始渗透到公司文化之中——如今的微软首席执行官萨提亚·纳德拉（Satya Nadella）正是这样做的。微软选择关注用户体验的提升，也因此得到了回报。

● 缺乏行为陈述

比不当的行为陈述更糟糕的可能是完全没有行为陈述，这是第二个常见错误。只关注愿景陈述而不是行为陈述，也属于这种情况，以市场营销或产品为中心的首席执行官经常会这样做，“我们的工作是让客户喜欢我们的产品”已是老生常谈。

这句话到底意味着什么呢？

“喜欢”这个词并不是一个具体的行为。你没法儿具体观察它，也没法儿衡量它。如果你想为它设计干预措施，你不可避免地会跟21世纪初的微软有同样的遭遇。“顾客喜欢”是“广告狂人”们花钱的理由，事实上这只是他们的先入之见，是他们自己喜欢，而非顾客喜欢。

因为没有办法衡量顾客的喜爱程度，也没有实际可行的方法来证明某一干预措施能促使消费者爱上你的产品，这就意味着没有办法将各种干预措施进行比较，这会让整个干预设计无效。例如，为了让“客户喜欢”，你的市场营销团队花费了数百万美元做广告；与此同时，出于同样的目的，你的产品团队、研发团队、销售团队及其他团队却做着背道而驰的努力。一则没有具体行为的陈述就像一颗无法为你导航的北极星。

● 不够大胆的行为陈述

毫无疑问，从这本书中你可以看出我是强硬派，你可以称之为人格缺陷，随便你，但态度强势是成功的行为陈述的重要特征。

优步的行为陈述是：当人们有出行需要时，他们总会使用优步——不是“有时”使用，而是“总会”使用。优步的发展历史一直透露着类似的理念，这是一则有胆识的陈述。现在的交通工具多种多样，总的来说，开车并不是最好的选择：存在交通拥堵、温室气体排放、停车费、担心轮胎被偷等问题。所有这些抑制因素都是人们不愿意自己开车的原因。为什么行为陈述要描述得这么绝对呢？

因为这会提升你实现目标的可能性。一个典型的注重行为过程的设计系统会这样提问：“如果我们在这里，我们要怎么踢球才能更接近球门？”我希望你这样提问：“在完美世界中，我们的目标是：球已经进了球门，我们已经赢得了比赛。我们如何才能实现这一目标呢？”以上两则陈述看起来差别不大，因为它们都从球场两端的视角描述了当前的世界和理想的世界，都试图把我们从当前的世界带到理想的世界。这涉及烦人的心理阻碍：目标的预设和调整。

快速回答这个问题：自由女神像有多高？比 10 英尺[①]高还是矮？答案很明显，比 10 英尺高。但是高多少呢？为

① 1 英尺约为 0.31 米。——编者注

了节省时间——当然，我也听不到你的答案——假设你猜的是 100 英尺。

现在我将换一种方式问另一个人类似的问题：自由女神像有多高，比 1 000 英尺高还是矮？你可能会回答比 1 000 英尺矮，可能是它的一半——500 英尺。现在将这两个回答放在一起对比一下。100 英尺和 500 英尺有着极大的差别，这两个回答都基于问题的预设。我预设的标准（10 英尺或 1 000 英尺）改变了你对问题的看法和回答[①]。

预设目标不可避免地会影响你设计干预措施。如果苹果公司是基于磁盘机的使用和有限的存储容量而设计的 iPod（苹果播放器），那么 iPod 就只能让人们听音乐了，而不能像现在这样从根本上把我们带向一个更理想的世界。优步没有着眼于在汽车服务领域抢占滩头阵地，它的目标是实现一种完全不同的出行行为模式。所以你在写行为陈述时，要写得清楚明了，不要含糊其词。

● 坚定最初的行为陈述

最后一个错误有点微妙：拒绝改进行为陈述。因为有时市场因素会发生变动，所以你不得不改变公司之前所做的行为陈述。即便是最大胆创新的行为陈述，你有时还是会实现

---

① 为了节约你的搜索时间，自由女神像的实际高度为 305 英尺。不用客气。参见"How Tall Is the Statue of Liberty?" 2009，www.howtallisthestatueofliberty.org。

它，这时你就需要扩大行为陈述的范围了。

以优步为例。我前面用的是优步以前的行为陈述。优步成立以来，其行为陈述已经有了极大的改变，随着优步的发展，其行为陈述还会继续被改进。这很正常，尤其是对一家新兴公司来说，公司发展、规模扩大都相应地需要拓展行为陈述。

此刻，优步的行为陈述可能是下面这样的。

> 当人们想把某物从A处拿到B处，他们如果有一台联网设备，且住在大部分国家的大都市，就会使用优步（可以用乘车次数来衡量）。

这里有几个很大的变化值得讨论。无可争议，第一也是最重要的是，优步已经将自身规模从一个区域出租车公司扩大成一个物流公司。它成功地吸引了很多司机，但无法创造足够多的客户，以满足司机们各个时段的业务需求。于是，除了载人，优步还开发了其他业务：送外卖、送百货及其他送货上门服务。自此，优步的目标开始由载人转向载物。

这个改变是巨大的。优步开拓了新的市场，通过扩大需求，并与其他大型企业建立不同形式的合作关系，创造了新的商机，保证了司机的收入。这也让优步更具有生命力：假设受优步无法控制的因素的影响，人们减少了出行，这将有损公司的利益。但如果人们不再出行，他们就会需要更多的送货上门服务。现在优步可以满足这个需求，也能更好地应对天气带来的大规模行为变化。

事实上，行为陈述的改变主要是由外界变化引起的，而不是公司内部增长等本身变化所致。过去，人们买手表是为了掌握时间，移动手机出现之后，人们随时可以查看手机掌握时间，然而手表也没从世界或者人们的手腕上消失。因为当手表公司意识到每个人都拿手机来看时间时，它们改变了行为陈述，找到了新的需求：代表身份的手表。如今，你会发现越来越少的人看手表上的时间，更多人把它作为显示身份的一种方式。戴手表的人传递着这样一种信息：他们干练、追求奢华及恋旧。戴劳力士的人向世人展示着他们的黑卡[①]和豪车。

优步也有一些其他变化。还记得我说过行为的限制条件是二元的、不受人控制的吗？优步没有为全世界建立电子银行的计划，所以在旧金山之外，它不得不取消其电子移动支付这一限制条件。在像乌克兰这样的国家，人们可以使用现金支付优步订单。

拒绝改变行为陈述意味着你的发展区域和目标受限，当公司发展到一定阶段时，原来的行为陈述难以为继。我知道撰写新的行为陈述有挑战性，我们并不爱这么做，就像我们会爱上我们想要创造的行为，但不会爱上创造这些行为的干预措施一样，但当时机成熟时，我们一定要主动改变行为陈述。

① 黑卡（black card）是一种没有透支限额的信用卡，是财富的象征。——译者注

行为陈述的框架结构

我保证接下来会讨论行为的影响因素，如果你不喜欢看这一部分，你可以选择跳过。虽然你现在知道怎么写一则好的行为陈述了，但是我还是想给你提供一点建议，让你知道如何让行为陈述在公司实现价值最大化。

第一——希望这点已经显而易见了——你需要将行为陈述写得清晰、明白。把它贴在每个人都可以看到的墙上，在每次会议上提及它，把它当作目标，朝着它前进。好的行为陈述的关键在于它可以帮助你做出好的决定，因为你可以将各类选择做对比，以达到你想要的结果。是的，只要你的业务随着时间的改变而改变了，行为陈述就会改变，你要向员工广泛宣传这一点。颜料不值钱，把这点涂写在你公司的墙上。

第二，公司是一个整体，只应该有一则总的行为陈述，不过你可以根据实际需要将其进行分割，我鼓励这样做。公司的总的行为陈述由首席执行官负责，改变（或不改变）这则陈述应该成为对这位顶层人物进行奖惩的标准之一。明确公司中细分出来的行为陈述，可以帮助每个人找到各自的自主领域及责任。

为了与上文保持一致，我们再举一个优步的例子。设想一下，市场部经理针对公司的总的行为陈述，决定将增加优步的注册账户设为他们的分支行为陈述。每个员工都可根据该目标撰写自己的行为陈述，并负责实现它。以此类推：某个地区的市场经理可以根据这个区域的人口撰写行为陈述，并为其负责。一直到最底层的实习生，他的行为陈述为：当一位年龄在20岁到30岁并住在洛杉矶的美籍非裔女士想将某物从A地送到B地时，她如果有一台可以联网的设备，就会创建一个优步账号（由新建立的账号数量来衡量）。

这个过程有两个优点：首先，个人和整个公司的行为目标之间有一条清晰而直接的界线，每个人都知道为什么他们所做的事情很重要，每个人都有自己的责任区域；其次，它让问责制有了清晰的层次结构。一位领导只对较大的那则行为陈述负责，不再为头衔、为谁是负责人而争论不休，地位对应要承担的行为责任。

那么怎样才能判断行为陈述对公司中的所有人来说都合适呢？这就要再次提及自主权和责任制了。行为陈述既要大到每个人都有自主选择权，又要小到每个人都应为其成败而负责。例如，针对创建账户和营销，首席营销官（CMO，全称Chief Marketing Officer）应该乐于围绕行为陈述展开工作，并有足够的自主权来确保每个人公平地承担责任。

对那些习惯于做很多规划的人来说，应该注意行为陈述与其目标（O：objective）和关键结果（KR：key result）的一致性。“由数据衡量”实际上只是关键结果，行为陈述的其余部分则是目标，只有目标和关键结果（OKR）能更清晰地描述你想要创造的世界。如果你已经为你的计划确定了OKR，你就只需要将其转换为行为陈述，完全关注行为本身。

好了，够了。其他人可以写一本关于如何使用干预设计过程来设计公司内部结构并进行规划的书。我想指出的是，行为陈述的目的是让你的组织以一种特定的方式行事，公司的组织结构形式也是为实现这一目的而需要干预的方面之一。加油！且听下章分析！

第 4 章

压力分析和压力验证

从最高层面来看，行为的改变与对行为的干预措施有关，这些干预措施能使人从A点（现实世界）转移到B点（理想世界）。如果用现实分析来描述A点，用目标行为陈述来描述B点，那么A点与B点的差异便一目了然了。也就是说，我们需要理清使现实和理想间产生距离的因素，这样我们才知道需要改变什么。这就是这本书的要义所在，当我们谈论设计能改变行为时，我们实际上是在讨论怎样改变决定行为的因素，而非直接改变行为本身。

在探究这个问题前，有必要提一下我的孩子。我在写这本书的同时，并没有忘记努力做一个称职的父亲，这本书就是专门为我的孩子贝尔写的。照看幼儿的责任重大，部分是因为我们在人生中很少有可以随心所欲地直接控制他人行为的机会。在贝尔三个月大时，我在他的衣食住行方面可以完全做主，例如，我可以决定他穿什么衣服，并亲手帮他穿上，尽管他会扭动身体以致穿衣过程有点儿艰难，但他最后穿的仍旧是我为他选的衣服。

然而，即便是在为人父母初期，我们也不可能完全控制孩子的行为。我对贝尔的很多行为也是无可奈何，例如睡觉。我可以控制对睡眠有影响的外部因素来促使贝尔入睡，例如让他玩累（增加促进睡眠的动力）或者关上窗帘（减少强光的阻碍性压力），但我不能强迫他入睡。由于缺乏直接的控制方法，我能做的就是通过这两种方式达到让他入睡的目的。

这就是说，分析行为的促进压力和抑制压力至关重要。不久，贝尔便学会了自己决定如何穿着打扮，就像祖辈们一样，我只能通过控制影响因素来改变他的行为。这也是他余生中在选择衣服上我唯一能为他做的：他想穿没有破洞的裤子时，我鼓励他（增加对选择好裤子的促进压力）；他想买酸洗牛仔裤时，我表示反对（增加对选择坏裤子的抑制压力）。我没法儿阻止他自己去买有破洞的、漂白的牛仔裤并穿着它招摇过市，但当我有意施压时，我可以按照我的思路改变他的行为。

就像所有的例子一样，贝尔的行为也有不尽如人意之处（别把我这句话告诉他的妈妈）。我探讨的是贝尔的个人行为，但通常情况下我们不是要改变某一个特定的人的行为，而是要改变一个群体（团队、组织、城市、国家）的行为，正如在行为陈述中提到的“群体”。我们要改变的不是某个时间点的行为，而是跨越时空的行为；不是10月14日下午给贝尔喂饭的个人行为，而是在可预见的未来，给和贝尔同龄的孩子喂饭的普遍行为。

这意味着行为改变本身并非尽善尽美。你可能会输掉一次小型战役——没有实现对某个人、某个特定时刻、某个单一行为的改变——但仍能赢得整场战争。这是因为，就整体而言，群体行为在很大程度上是可被预测的。虽然没有哪个人会一成不变地做事，但在通常情况下，大部分人的整体行为是相对稳定的，因为他们都受到一些常规条件，例如成本、效益及人气等因素的影响。

那么，我们该如何着手改变这些对预测有影响的压力因素呢？人们有能力也已经制作出了精美复杂的图表和系统来充分描述人类的复杂性，但我却想用一个连三岁的贝尔都能画出来的图形来阐述这一问题。

这个简图有些难以理解。但请记住这本书的本质：我希望你们每天都能实现行为转变。有时，简单的结构图是完成这个任务的最佳方法。

这两个箭头代表创造行为改变的促进压力和抑制压力间的平衡，朝上的箭头指促进压力，它会增加行为出现的可能性；朝下的箭头指抑制压力，它会减少行为出现的可能性。

人的实际行为是由这些压力的相互作用决定的：如果促进压力超过抑制压力，我们就会做出行为；如果抑制压力更强，我们就不会去做。这两种压力对我们最终的行为都负有同等的责任，因此我们不能妄言，人们因为缺少促进压力而没有采取某种行动，因为这种情况也意味着抑制压力具有压倒性力量，最终导致行为没有发生。

设想你小时候过生日得到了一个气球。它充满氦气，平稳地悬在你面前。此时对气球的促进压力和抑制压力是平衡的，气球在 A 点，即当前状态下不会发生任何改变。

现在，正如每本故事书所描述的那样，气球想飞到高空中，实现它作为气球的使命，这是一个好结果，是它到达理想中的 B 点的行为状态。如果你从下方给它一点推力（一个额外的促进压力），破坏它的平衡，并且这个推力超过它现有的重力这一抑制压力，气球状态会发生改变。如果想让气球更容易升空，可以在气球下方加一个鼓风机或者在气球里面增加一点儿氦气。

但如果下大雨导致气球无法升空呢？或者当你想把它往上推时，我却往下拉，这样该怎么办呢？为了使气球克服这些力（即抑制压力）而向上运动，你必须用更多的力来推动它，例如使用一个小型螺旋桨。或者你要找到一种方法减小抑制压力，例如遮住雨水或把我推开，如果你有那个能耐，你也可以减少地球对气球的引力。

这就是我们要努力明确的促进压力和抑制压力。通过了解雨的阻力、我的下拉力、你的上推力、重力及其他因素，我们为改变气球状态的干预措施奠定了基础，从而把自己带到理想中的世界。只有先了解这两种方向相反的影响因素，才能增加或消除这些压力。

我们为什么会吃 M&M's 巧克力豆：探索促进压力

促进压力和抑制压力的箭头图不是帮你理解这一概念的抽象表现形式，而是你在实践中将要使用的工具。当你设计干预过程时，你要找一张白板、一本笔记本或一本便笺，在上面绘制朝上和朝下的箭头，列举每一边存在的压力影响因素。如果你觉得现在就开始练习会有所帮助，你可以边读下面的内容边画一幅箭头图，按照我的解释将箭头图补充完整。你也可以直接设想我是如何艰难地在白板上把各种压力动态完整地展现出来的，因为我想忠于实际。

下面介绍我最喜欢的促进压力和抑制压力的示例：M&M's 巧克力豆。让我们从朝上的箭头开始。我们为什么想吃 M&M's 巧克力豆？理由很简单：美味。味觉是一种强大的促进压力，这就是玛氏公司[①]会花费数百万美元推出不

① 玛氏公司（MARS）是全球最大的食品生产商之一，成立于 1911 年，是全球巧克力、宠物护理、糖果等行业的领导者，拥有众多世界知名的品牌。在这些品牌中，价值超过十亿美元的品牌包括德芙、玛氏、M&M's、士力架、UNCLE BEN's（班叔叔）、傲白、宝路、皇家、伟嘉和特趣。——译者注

同口味的M&M's巧克力豆的原因。迄今为止，M&M's巧克力豆的口味已超过40种，包括在巧克力中很少见的辣果仁口味，但这显然是愚蠢的开发行为，因为我们知道，花生酱口味是M&M's巧克力豆的所有口味中的佼佼者。然而，玛氏公司却一直不遗余力地开发新口味，原因很简单，口味显然是人们选择吃M&M's巧克力豆或其他任何糖果的主要原因。

然而，口味并不是M&M's巧克力豆卖出数十亿颗的全部原因。除了味道，M&M's巧克力豆外观漂亮，外表美观的食物对我们有极强的吸引力，我们天生就喜欢夺目的颜色（你可以把这一喜好归因为对色彩鲜艳的水果和蔬菜的偏好）。一个碗里的M&M's巧克力豆的颜色越多，人们会相应地吃得越多。[5] 1995年，玛氏公司推出了其研发品种中最不起眼的一个颜色（黄褐色，你知道的，跟便便颜色一样的那款），有一千多万人打电话推荐其替换颜色（蓝色）。

颜色好看似乎是吃M&M's巧克力豆的一个愚蠢的理由，很少有人会想到颜色的重要性。要想明确所有影响压力，除了需要明确人们能通过惯性思维识别的影响行为的因素，还要了解更多其他因素。这就是为什么我们需要分析和验证，为什么我们要进行预试验——人类对自身的动机缺乏充分的反思。毕竟，从理论上讲，你是一个非常理性的成年人，喜欢读这本非文学类的书。尽管你知道不同颜色的M&M's巧克力豆在口味上没有明显的差异，但是你心目中仍然有一个最喜欢的M&M’s巧克力豆的颜色。当你还是孩子时，你可能会按特定的颜色顺序吃这些巧克力豆（也许你现在还在这样做）。原因何在？因为颜色和我们的认同感紧密相连。“你最喜欢什么颜色？”虽然这是最糟糕的见面问候的问题之一，但人们依然喜欢回答这个问题，因为色彩会点缀我们的生活，我们对衣柜、配饰、墙壁、文具的颜色选择无不反映了我们独特的个性。颜色因素对许多行为来说是一种不合逻辑但可被预测的促进压力，颜色对吃M&M’s巧克力豆的行为确实有影响，尽管到目前为止还没有人为此类影响取一个规范的名字。

你还在保持自己原有的逻辑，以成人的视角怀疑颜色的重要性吗？有一个可以提升我们认识压力因素的行为科学技巧，即将原有场景从头到尾翻转过来，到达另一个极限状态，想象在相反条件下这种情况是否会成立，思考压力因素会如何影响行为。一个成功的干预措施需要创建一个虚构的世界，你需要在这个虚拟世界中进行思想演练。有时，我们需要明确哪些是我们不愿意看到的情况，这样我们才能更清楚地了解我们实际想达到的效果。想象一下，如果M&M’s巧克力豆是令人作呕的绿色，或者是尿黄色，你是否还认为人们会迅速地把一整包M&M’s巧克力豆全部倒在手上，然后像一个人工Pez糖果分发器一样把巧克力豆一颗颗地扔回包装袋（Pez是一个糖果品牌，除了它的傻瓜分发器我想不出其他能吸引顾客买它的促进压力）？

有时，引导行为的不是像颜色这种看似不合理的因素，而是另一种相近的因素，我称之为反理性压力。这种因素可能会作为促进压力而非抑制压力，或被当作抑制压力而非促进压力被识别出来。M&M's 巧克力豆的卡路里就属于反理性压力。如果我问，卡路里会使人们吃 M&M's 巧克力豆的可能性变大还是变小，每个人都会说可能性会变小。他们只说对了一半。肥胖是一种抑制压力，卡路里只是这种恐惧的重要组成部分，卡路里本身也可以是一种促进压力。

这似乎有悖常识，但确实是事实。什么时候是零食消费的高峰期呢？下午三点左右。吃完午餐（人们在午餐中摄入的升糖指数[①]高的食物占比日益增大）后，人的血糖会上升，随后体内产生的胰岛素又会使血糖下降。吃零食获取卡路里是一种生理需求，当你将卡路里与“饥饿感”对接时，卡路里就会变成一种强大的促进压力。

一些品牌深谙此道。以士力架这个品牌为例，它从不会投放广告称士力架比 M&M's 巧克力豆更美味，当然也不会在颜色上与之竞争。（感谢《疯狂高尔夫》[②]！）相反，士力架宣传的是卡路里。士力架在 20 世纪 80 年代的口号是“士力架满足你的需要”，时间更近的则是“花生带来能量”。

---

① 升糖指数（glycemic index，简称 GI）是反映食物令血糖上升的速度及幅度的数值。如果食物的升糖指数较高，则表示人在食用该食物后，血糖的升幅会较快及较大。——译者注

② 《疯狂高尔夫》是一部美国喜剧电影，其中有一个搞笑情节：被扔进泳池的巧克力棒被误以为是大便，引起一阵恐慌。——译者注

在2010年的超级碗广告中，白发苍苍的女演员贝蒂·怀特（Betty White）扮演一个状态不佳的橄榄球运动员，她直到咬了一口焦糖巧克力才做回了自己，配上的广告语是“饥饿让你无法成就自我”。40多年来，士力架一直宣称，如果你想比90多岁的贝蒂·怀特（无意冒犯贝蒂）更精力旺盛、更有活力、更强壮，你应该吃士力架。

明确压力的诀窍是学会跳出固有思维，将非理性压力和反理性压力视为机遇，也就是要认识到边际效益递减规律[①]。我们没有办法找出一个行为的所有影响因素，而要想了解某个因素的调节范围是否已经到达极限，则需要观察市场的成熟度。有些行为已经长时间存在，因此找出以前被忽视的、具有负面影响力的压力是关键；有些行为还是新生事物，仅需找出最明显的压力就足以产生行为改变。

促进压力的例子不胜枚举。M&M’s巧克力豆有积极的文化内涵，它们有代表性，有怀旧感，是美国的独特产物（它实际上是白宫的官方糖果）。正如玛氏公司花费数亿美元创造和维护的糖果动画卡通角色所展现的那样，这个品牌是轻松愉快的代名词。M&M’s巧克力豆无处不在，在学校或办公楼的自动售卖机里都能看到它们，它们带给人熟悉又轻松的氛围。再次强调，如果M&M’s巧克力豆口感较差或外观糟糕，我们不会因为它们是知名品牌的产品或无处不在就

① 边际效益递减规律是指在短期生产过程中，其他投入固定不变时，连续地增加某一种投入，新增的产出最终会减少。——译者注

去消费，首先它们得美味可口，这样它们代表的文化内涵才有助于推动消费。

我们为什么没吃 M&M's 巧克力豆：探究抑制压力

现在我们都知道 M&M's 巧克力豆味道可口，色彩缤纷，卡路里高到足以赶走饥饿感，并且饱含文化情感。你肯定对我前面所说的深表赞同，并且对吃 M&M's 巧克力豆的种种理由深信不疑。

但此时此刻你并没有吃它们。

天哪！我们讨论的是一个反事实的世界。在现实世界中，你只是赞成我所列出的一系列促进消费的因素，你在大多数时候并没有吃 M&M's 巧克力豆。很明显，我是个江湖骗子，这本书讲的都是异端邪说，你应该马上把它退掉或者烧掉。

确实，你本该早就注意到这一点的。现实存在两个箭头，即向上的促进压力和向下的抑制压力，“为什么要吃 M&M's 巧克力豆”只是在阐述促进压力。生活并非只存在巨大的促进压力，阻碍行为发生的抑制压力同样存在。所以，如果我们的目标行为陈述是：一直吃 M&M's 巧克力豆，那么我们还需要考虑：我们为什么现在没有吃？

你此刻为什么没有吃 M&M's 巧克力豆？我的心理学知识可以派上用场了。原因在于你身边没有一大碗 M&M's 巧克力豆。我是如何得知的？因为如果真的有，你一定会吃的。现实可获得性是一种很关键的抑制压力，它会阻碍你吃 M&M's 巧克力豆或做其他事。人们天生喜欢唾手可得的东西。

我们凭直觉就能知道这一点。想象一下，一碗糖果在你的桌上，另一碗在对面的房间里。你甚至不需要思考，仅凭直觉就知道你会吃掉你面前的那碗糖果，而不会碰对面房间里的那碗。压力有大小之分，可获得性也存在高低之分。我们可以调节可获得性这一抑制压力，例如，可以将 M&M's 巧克力豆放在橱柜里，十英尺外的桌子上，对面办公室、另一层楼或街角的酒吧里，我们可以通过改变获得产品的难易程度，改变人们的行为。

通过增强或减弱各种抑制压力可以产生不同的行为。和现实可获得性一样，心理可获得性也是一种抑制压力。在一个针对办公室行为的研究中，当巧克力被放在桌子上而不是在对面的房间里时，工作人员每天会多吃两块巧克力；若装巧克力的碗是透明的而不是不透明的，他们会再多吃两块。[6]"眼不见，心不念"，这句话用来描述这个现象再合适不过了。谷歌因大规模采用这些策略而闻名：在谷歌办公室里，糖果被放在不透明的容器里，水果和坚果被放在透明的容器里，7 周之后，员工总计少摄入了 310 万卡路里。[7]

在抑制方面，反理性压力同样在起作用，比如品牌营销是否符合情境。对孩子来说，轻松和有趣很重要，但想象一下一顿情人节的浪漫晚餐：烛光、菲力牛排、玫瑰花、红酒，以及用 M&M's 巧克力豆做甜品？这就太煞风景了。这个时刻，是瑞士莲的时刻、费列罗的时刻[①]，或用锡纸包着的酒心黑巧克力的时刻，这些甜品在这个场景才是合适的。适用于某个场景的品牌营销，在另一个场景中可能就不合适。

卡路里也是一个例子：下午饥肠辘辘需要提高血糖是促进压力，刚洗完澡挺着大肚腩担心自己的健康状况就是抑制压力。这也是为什么需要将目标行为陈述具体化，它不仅要包括目标行为，还要包括行为人群和行为情境。

所有压力影响因素均与情境有关，情境会改变压力的大小，甚至会改变压力的方向。以成本这一抑制压力为例：1 美元看似不多，但看看一个五岁的孩子是如何存下零用钱去买一袋 M&M's 巧克力豆的，或者看看世界上大多数人的日均消费低于 2.5 美元这个事实，你就会转变你的看法，发现 1 美元是很大的抑制压力。或以高物价这一反理性压力为例，你会高兴地发现，高物价反而会刺激人们的消费欲望，因为高价代表着“质量”或“奢华”这两种强大的促进压力。颜色也是如此：亮色意味着人造色素，意味着不健康。问一问英国人，你就会知道，聪明豆[②]是英国版的 M&M's 巧克力豆，但聪明豆的颜色明显柔和许多，因为生产者采用的是天然食品染色剂。

① 瑞士莲（Lindt）和费列罗（Ferrero Rocher）均为知名巧克力品牌。——编者注

② 聪明豆（Smarties）是一款由当时英国三大糖果制造商之一的 Rowntree 公司于 1937 年推出的拥有许多颜色的巧克力豆。1988 年，雀巢收购 Rowntree，这款巧克力豆随之被纳入雀巢旗下的产品系列。——译者注

同促进压力一样，我即使写一整本关于抑制压力的百科全书也无法将其解释穷尽。这本百科全书毫无用处，因为最终所有的压力都取决于情境，它们以独特的方式与动机、群体紧密相连。这也是为什么干预设计过程极其关注验证，要强调进行预试验、测试或者大规模试验：检验你所识别的压力正确与否的唯一方法是看在此基础上建立的干预能否真正地改变行为。

规避可预知的问题

比具体的压力更重要的是要同时考虑两种压力。这里可借用丹·阿里利的一句话来解释原因：人类的不理智是可被预测的。我在实验室里做的一系列实验都表明，当想要促进某种行为时，人们几乎用尽了诸如奖励之类的方法来增加促进压力；当想要抑制某种行为时，人们就会过度使用类似惩罚等提高抑制压力的干预方法。

这就是我们当今的世界。我们凭直觉就知道，如果将糖果碗从桌上移到书架上、厨房里或酒窖里，这会对人们的行为产生何种影响。但如果我们受雇于玛氏公司，我们真正能创造些什么呢？创造第 42 种口味的 M&M’s 巧克力豆？虽然我们知道通过让 M&M’s 巧克力豆更易被获取来减少抑制压力的做法合乎逻辑，但我们依然仅仅关注如何提升它们的吸引力。

不过也别绝望。可能会犯错也意味着有还未被发掘的解决办法。对优步来说，这种办法就是减少抑制压力，而它的所有对手却都在关注促进压力。优步刚开始采用的是黑色汽车，它的对手们为了让更多的乘客乘车，弃用黑色汽车，转而采用银色奥迪，里面有一个迷你酒吧台和一个可以和音乐同步的迪斯科球，德国名模克劳迪娅·希弗（Claudia Schiffer）为你开车，汽车动力十足，就像美国职业橄榄球大联盟里的奥克兰突袭者队（Raiders）那般强劲有力。

优步意识到，顾客想要到达目的地的愿望已经够强，即存在足够的促进压力，所以公司应该主要考虑如何减少抑制压力，优步的营销策略也正是如此。诚然，优步偶尔也会有促进措施，例如“今天出行有小狗做伴”，“赠送冰激凌”或“赠送注射流感疫苗”，或者“今天的车会是豪车特斯拉（Tesla）”。但优步发给你最多的是哪三类电子邮件？“现在比之前更便宜”（更低的成本，减少抑制压力），“现在路上有更多的司机”（更短的等待时长，减少抑制压力），以及“我们的服务范围比从前更广”（更广的服务范围，减少抑制压力）。优步的整体业务立足于减少抑制压力。

实际上，优步最大的行为改变策略是采取了自动付款。付车费是很大的抑制压力，现金交易明显意味着钱的损失，为避免这种失去感，即便是小孩子也会选择用信用卡而不是现金支付。[8]从某种程度上讲，优步在旧金山起家，而非纽约，这让我有些失望。设想在某个周五，在纽约市东村区的一条单向街道上，你着急地想让读卡器读卡付费，上千辆出租车在后面疯狂地按喇叭催促，你感受到的不仅是金钱流失的痛苦，更是付款过程的糟心。在优步普及自动支付之前，只有极少数人能洞悉消除付费之痛的意义，因为我们一直都如此关注促进压力。

促进压力和抑制压力均可被用来改变行为，这也是我们为什么要画两个箭头，要兼顾两者，互采所长，以克服我们的偏见。如果玛氏公司的一名员工读了这本书，克服想创造第 42 种口味的自然倾向，开始关注抑制压力；如果玛氏公司将花在产品开发、食品安全、市场营销和选取新包装袋的颜色上的数百万美元预算，变成一个简单的让员工转变思维的指令：让 M&M’s 巧克力豆随处可得，随时可享，那么我们就要开始担心我们的身材了。此时，玛氏公司需要注意新的干预措施了，例如增加自动售货机，签订分销协议，开启零食订购服务，等等。

假设你关注到了这两种压力，并成功避免了偏见，你会思考：这些压力来自哪里呢？在《广告狂人》里，你只需要编造一些压力，以证明你想实施的干预措施是正确的。但是，在干预设计过程里，我们要像分析可能性一样找出压力，即进行调查，获得聚合效度。幸运的是，以前分析可能性所做的采访和所获得的数据也能用于分析压力和验证压力。所以，当你在办公室画出两个箭头，开始填写每个箭头代表的各种压力时，你可以依据你已经做过的研究，避免像

《广告狂人》那样胡编乱造。如果发现新的压力，你就直接验证它们，因为你的调研团队正在办公室分析压力并设计干预措施，他们最清楚现在所处的情况，并将在实施干预措施之前验证这些压力，所以你要与他们一起找出压力。

还有一些方法可以帮你确认你分析的是一整套压力，不会存在遗漏之处。比如，先只研究抑制压力或促进压力，然后再研究另一个。尝试逆向思维，改变行为陈述的视角：如果你想弄明白为何没有人使用优步出行，你就要找出能使人们使用优步出行的促进压力，并且确保你的团队具有多元性，有多个思考维度。你能引入的性别、种族、文化、认知和其他变量越多，你的盲点就会越少，受偏见影响的可能性也就越小。

避免偏见和全面了解影响人们行为的各种因素，这两者相辅相成。（看，这观点不错！）事实上，箭头图、本章全部内容及整个压力概念都是为改变行为而采取的干预手段，旨在帮助我们避免片面地看问题，避免编造未经验证的压力，避免只追求让领导满意而实际上却无效的干预措施。我们想创造行为（我介绍了如何增强促进压力），并且克服了不作为的自然倾向（我补充了如何消除抑制压力的内容），但只有成功地把验证过的压力和与其对应的干预设计结合起来时，我们才能真正地实现我们的目标。我们需要把干预设计变成真正的实施过程，才能使那些压力起作用。

第 5 章

干预设计和干预选择

柳帕卡女士是我遇到的“最好的”老师之一，她体形矮小，酷似花园里的小守护神。在我上六年级的时候，我的身高就超过她了。她对数学富有热情，但她对恶作剧更富热情。她在教室的墙上挂了一根鞭子，以便让学生们时刻想着遵守纪律。有一次，在某个星期二，她把鞭子和蘸了番茄酱的手帕一起带到了我的美术课上。她把我叫到外面的大厅，用一把尺子使劲地敲大厅的墙壁，同时命令我大喊大叫，为的是吓唬其他孩子。她是一个彻头彻尾的坏蛋，从那时到25年后的现在我都一直很怕她。

唯一比教鞭更难忘的是她在代数课上教的一堂关于创造力的课。她在投影仪上（记得那种旧式投影吗？）放了一张幻灯片，上面有各种数字、字母和符号，然后她让我们找出不同的分组方式。我们年轻而聪明的头脑想出的是把字母和数字分成不同组，把奇数和偶数分成不同组，所有分组的标准都是老师们尽心尽力地教给我们的，是我们接受的文化教育内在的一部分。等我们穷尽想象力之后，柳帕卡女士开始提出其他分类模式：能出现在电话上的和不能出现在电话上的；由直线构成的（如字母 A 和 F）和由曲线构成的（如字母 C 和 O）。她告诉我们，学习目标不仅仅是拥有最多的想法，还是拥有不同的想法和更好的想法。25 个小学生的脑袋都像点亮了的小灯泡，我们开启了新世界之旅，致力于成为富有创意、能改变现状的思想家。

创造——设计出原先没有的东西——令心理学家和六年级学生都兴奋不已。创造不同寻常的东西的确有趣，我们喜欢标新立异，这是一种自然倾向。“广告狂人”们正是利用这种心理来达成其目的的。我爱柳帕卡女士，但是我还是要说“让创造力见鬼去吧”，虽然她会因此而对我严加惩罚。

我们如果一味地关注创造新奇的事物，就会忽略该如何采取行动。为避免追求新奇的干预手段这一自然倾向，我们可以进行有效的压力分析，但是这并非总能奏效。正如数据可能会导致错误的商业决策，我们的压力分析也可能带来错误的干预。如果只是简单地寻找大家都认为听起来不错的东西，就可能搞砸一切，导致干预行动失败，这在干预设计过程中完全有可能发生。

当你到达干预设计过程这个阶段时，你就应该很了解你的客户的需求和愿望了。你通过分析各种因素确定并证实了你的客户的需求，但问题是，在你了解这些后，你会很容易变得过度自信和草率，你可能只会简单地罗列行为的压力影响因素，然后对每一个因素进行干预设计。

这种方式并不明智，因为针对一个因素完全有可能需要设计多项干预措施，一项干预措施也可能可以针对多个因素。的确，这涉及因素和干预手段之间的匹配：让所有的因素呈现，然后就可以看清如何将它们进行归类，并设计相应的干预措施了。行为干预就是将影响因素转变为我们的创造，如果影响因素是杠杆，干预行为就是要撬动这些因素，当然这需要正确的顺序和恰当的力量。

以我工作的三叶草健康医疗公司为例。作为一家参与“医保优惠”[①]的保险公司，三叶草健康医疗公司的商业模式主要是改善会员的健康状况。这意味着要经常督促会员去做一些最基本的保持健康的事情，比如注射流感疫苗。大约 70% 的流感住院案例和 85% 的流感死亡案例发生在 65 岁以上的人群中，他们大多数人是医保会员。对他们来说，少注射流感疫苗就等于增加住院次数，增加死亡人数。

让会员做出行为改变，去注射流感疫苗，这对三叶草健康医疗公司来说尤为重要。因为与其他参与“医保优惠”的

① 医保优惠（Medicare Advantage，简称 MA），指医疗保险优惠计划，是美国经过政府特许的私营医疗保险公司为联邦医保受益人设计的保险计划。——译者注

公司相比，三叶草健康医疗公司的会员结构比较特殊，其有色人种比例高出平均值一倍（参加“医保优惠”的白人居多，约占80%），而有色人种中很大一部分是黑人，他们比白人更少接种流感疫苗（医学种族主义真实存在）。

开始进行干预设计过程后，我们草拟了一则以黑人为对象，以注射流感疫苗为行动目标的陈述，然后进行深入调查，仔细分析哪些明显的因素妨碍人们注射流感疫苗。我们发现，人们在这方面极度缺乏促进压力（“我干吗要注射疫苗？我很健康”）。关键是，虽然一些抑制压力在非黑人群体中也存在，但是对黑人来说，这些抑制压力更为明显。

例如，黑人不太信任流感疫苗，因为流感疫苗每年都在变化。每年改变流感疫苗的配方是有理由的，因为医疗部门会预测当年最流行的流感病毒，并调整配方，以最大限度地提高疫苗的整体效力，但这会让黑人觉得疫苗具有不确定性，疫苗注射像是医疗行业进行的隐性实验。在美国，40年前的塔斯基吉梅毒实验（the Tuskegee Syphilis Study）依旧让人心有余悸。在该研究中，出于实验目的，政府研究人员故意不给患病黑人进行抗生素治疗，这导致许多黑人死亡。这是极端的医学种族主义，糟糕透顶。因此，隐性实验这一概念是更强的抑制黑人群体注射疫苗的因素。

流感疫苗有时会有副作用，比如接受注射的手臂部位会有轻微的疼痛感，这也是一个抑制压力。虽然这种情况很少见——只有大约1%的发生概率——但是因为每年都有人要注射，每个人都需要注射，所以你或者你认识的人很可能最近受到了这些副作用的影响。一个医生（他很有可能是个白人）给一个完全健康的黑人打了一针，导致这个黑人生病了，这种行为就很难赢得黑人社区里的黑人的信任了。

还有一个原因是流感疫苗不是100%有效的。其实这么说不太符合实情，因为流感疫苗是有效的，它能让人不得流感或者减少流感带来的影响。一个人得了流感，如果没有注射疫苗，会经历一周的痛苦；如果注射了疫苗，痛苦时长会缩短为24个小时。但是注射流感疫苗并不能保证一个人完全不会得流感。人们对疫苗的普遍期望是：如果打了疫苗，就不会得流感。

注射流感疫苗可以拯救生命，但它被怀疑的阴云笼罩，因为流感疫苗与其他大多数药物完全不同。它需要在人健康的时候注射，而且要反复注射，但又无法确定它是否有效，因为你不知道如果你没有注射，你是否会生病。在一个对许多黑人来说存在医学种族主义的国家，这意味着更低的疫苗接种率和更高的死亡率。

如果在《广告狂人》的世界里，我们会立即开始集思广益，寻找听起来不错的干预措施。也许我们可以让美国流行音乐天后碧昂斯（Beyoncé）发推特（Twitter）说注射流感疫苗非常重要！或者让举报塔斯基吉梅毒实验的记者写一篇注射流感疫苗的评论员文章！或者采用任何其他以感叹号结尾的方式！

我并未列出所有的抑制黑人注射流感疫苗的影响因素，例如打疫苗的成本；注射疫苗是否便利；必须在指定时间和地点由专业医护人员注射；打针会疼，一些人害怕打针。就像性感会改变人的行为，无聊感也会改变人的行为。不要花太长时间聚焦于所有抑制压力，而是要关注最主要的抑制压力，警惕先入之见，保持兴奋状态（所有的感叹号都由此而来），选择可以入手的方向，不断探索。

在这个阶段，干预设计的关键是确定研究规模。如果你想推进整个项目，这就涉及什么时候暂停；如何调整行为陈述；是关注个体抑制压力还是关注抑制压力的组合；如何进行人为干预；要是有什么具体情况发生，该如何应对；等等。你需要针对抑制压力设计尽可能多、尽可能详尽的干预措施。

你还得提醒你的团队，你们在这个阶段的目标不是取得立竿见影的效果。我们生活在一个反事实的世界里，什么都有可能实现；我们将有足够的时间选择干预措施，当一项干预手段的条件不满足时，我们可以从头再来。也可能有人会说“我认为这不会奏效”，因此你必须提醒你的团队，为什么要进行预试验、测试和大规模试验。干预是否有效取决于它能否带来行为改变，如果你不去做，你就不会知道效果如何。

针对流感疫苗这一问题，我们开始分组，尝试找到一个能应对多个抑制压力的干预方法。疫苗的功效、隐性实验概念和疫苗的副作用，这些都和信任相关，那么有没有一种干预措施可以建立信任？成本和可获得性是相互关联的，因为在某个特定的时间到达某个具体的地点至少涉及一些交通费和工资损失，这里有没有一种协同作用呢？

当我们想不出干预方式时，我们就换个角度思考：寻找在定量和定性研究中都曾出现的最重要的抑制压力，围绕这个抑制压力制订一些干预方法。对于黑人和流感疫苗接种来说，对医疗机构缺少信任是显著的抑制压力。三叶草健康医疗公司提供免费流感疫苗，同时，流感疫苗在任何一家药店都有售。但是，即使会员可以在自己居住地的街道诊所方便地获得疫苗，信任问题仍然占据主导地位。

幸运的是，我们已经在传统的黑人社区进行了调研，知道他们信任什么。我们阅读了研究报告，进行了调查，与会员交谈，分析了影响力节点的数据。对于他们最信任的对象，那些最不可能注射流感疫苗的人一致地回答：教堂。“我相信我们的教徒所相信的。”

很好！这很明显：我们需要宗教领袖加入。我们可以起草信件并让宗教领袖发送给教徒，说明注射流感疫苗、在参加礼拜的同时照顾好身体（圣灵之殿）的重要性，让教堂筹款者发起注射疫苗活动或其他各种活动，以发挥他们在社区中的影响力。再次强调，重点是进行多种多样的干预，因为这些干预措施能大大促进行为改变。

此外，还有许多跟信仰无关的干预措施。例如，三叶草健康医疗公司有一个独一无二的数据库，该数据库收集了大部分会员对“为什么健康对他们很重要”这一开放式问题的回答。因此，针对他们缺乏注射流感疫苗的动机这一问题，我们能很容易地在他们自己的陈述里找到让他们注射疫苗的理由：对孙辈或对配偶的爱，渴望身体健康，避免就医以便喂养附近的流浪猫（一名会员的回答）。最后，我们找到了大约 20 种独特的干预措施，这个数量对于大多数干预设计过程来说是很正常的。

整个干预设计过程最糟糕和最主观的部分是：干预的选择。因为经过分析、因素分类和研究后，你必须判断要对哪些干预措施进行预试验（你不可能对所有干预措施都进行预试验）。与其他过程不同的是，该过程没有精确的科学性可言——最终，你只能赌一把。

但你可以下个明智的赌注。尽管你不可能对所有的干预措施都进行预试验，你也不应该只预试验一种方法。选择干预措施不是为了寻求一种解决方案，而是为一系列预试验方案做好准备，从而最大限度地增加改变行为的可能性。因为，像其他所有严谨的科学一样，好的行为科学也需要假定你的干预方案可能无效。

这最后一句话经常让人有解雇我的冲动（撇开我迷人的性格不谈）。项目开展大约一个月后，你的首席品牌官（CBO，全称 Chief Brand Officer）说他们选择的几项预试验可能会失败，这是一件令人非常痛苦的事情，但是这种怀疑文化很重要。记住，我们要避免的是先入之见及我们的自然倾向——为了证明前面的努力没有白费，让自己相信原来的选择是正确的。你好，广告狂人，这是来自越南战争的呼唤，它期望收回沉没成本[①]。

在选择多种干预措施时，你在寻找心理学家所说的最佳独特性：你的一系列选择应覆盖尽可能大的范围，相互之间又较少重叠。想象一下，你正在努力找出你喜欢的那种果酱。如果你选择草莓、覆盆子和草莓覆盆子这三种口味的果酱，则独特性欠佳，因为品尝这三种果酱不会让你了解世界上其他种类繁多的果酱，也无法让你找出最好的那一种，因为它们在本质上是一样的。为了找到最适合你的，你应选择像草莓、橘子和猕猴桃这样三种口味不同的果酱，它们差异明显，通过品尝，你可以知道自己喜欢哪个或者不喜欢哪个。

为了减少选项，你可以采取简化措施。首先，组合干预措施。对于流感疫苗来说，我们知道信任很重要，基于信仰的努力会起作用。我们也知道，提升疫苗的可获得性和便利性有利于降低与生理和物理成本有关的抑制压力。所以我们选择了基于信仰的干预措施和引进流感诊所的干预措施，通过组合，把流感诊所搬到教堂，因为大家都会去那里。我们还需要一个更强的促进压力，让人们不再认为只有生病的人

---

① 沉没成本（sunk cost）是经济学术语，指已经付出且不可收回的成本，这里指已经为某些干预措施付出的时间和金钱。作者引用越南战争一例，是因为在越南战争中，美国政府在意识到无法取得胜利之后，仍然将成千上万名士兵派往前线，理由是“我们已经为这场战争牺牲了这么多士兵的性命，此刻放弃将是错误的”。——译者注

才会去注射疫苗，例如，提醒人们流感会传染，你如果注射了疫苗，就可以保护其他教徒，因为他们很多人都没你那么健康。

如果我们的干预措施是：周日在一座历史悠久的黑人教堂开设疫苗注射点，并温馨提示大家要保护所有教徒的健康，那么这一措施就是多种因素和小手段的组合。如果时间允许，我们可以对每个小手段进行预试验（诊所 vs 基于信任的支持 vs 传递保护朋友和家人的信息），但我们不一定要这样做，因为我们关心的是整项干预措施是否有效。记住，我们的目标是改变行为，而不是获取知识——我们不需要精确地知道哪部分干预在起作用，只要整项干预措施可行，并带来有价值的行为改变就可以了。人们经常会着迷于寻找起作用的确切因素，如果能找到它，的确可以节省一些资源，但不一定非要这样做。

在组合过程中，我们可以适当减少干预措施的种类。例如，有效的干预措施之一是开车去每位医保会员家给他们打疫苗，但这样做的可能性不大，因为流感疫苗必须冷藏，并由具有临床许可证的专人管理，而且也不是每个会员都希望我们上门。但是我们仍然尝试了这种方式，不过只是为了利用其优点（便利性、个性化服务和关怀感），并将其纳入一些更大的干预措施组合。

你也可以关注干预措施奏效的范围。例如，有没有只对一部分人起作用的干预措施？它只有在非常特殊的环境下才能使用吗？它只有在特定时间才有效吗？一般来说，如果你在起草行为陈述时做了充分的调研，确定了合适的人群，干预选择就是要找出成本最低、效果最好、覆盖范围最广的改变行为的干预措施。

这听起来可能有悖常理，但是我保证，即使最模糊的干预设计也存在直观的干预选择。因为我们的大脑一直在无意识地进行各种权衡：我们在烹饪中搭配互补的口味；在寻找住处时，会对位置、价格和与自己最爱的外卖餐厅的距离这三个因素综合考虑；每天我们都在无意识地做出无数决定。我们生来就具有分组和协调的能力，但需要为这种能力创造空间，才能让它发挥作用。

重点是要专注于你试图改变的行为。在进行干预选择时，不要有先入之见，因为在别处奏效的方法可能在这里无效，而在其他情况下失败的方法在这里可能有效。就像选择果酱一样，关注独特性的最大组合，这样才能最大限度地提升行为改变的可能性，并继续向前。

这让我想起和安德烈斯·格卢斯曼（Andres Glusman）的一次晚餐。安德烈斯·格卢斯曼是 Meetup[①] 的产品副总

① Meetup 是美国的一个在线社交网站，它拥有世界各地的线下小组群体。网站允许成员加入各类兴趣群体，如政治、书籍、游戏、电影、卫生、宠物、职业或爱好。用户只要输入所在地的邮政编码或城市和他们想见面谈论的话题，网站就可以帮助他们安排一个见面的时间和地点。Meetup 的主要收入来自主办团体的管理者会费，个人会费为每月 12～19 美元。公司总部设在纽约市。——译者注

裁，该网站帮助当地组织者们举办了数万场以不同兴趣为主题的活动。我认识他是因为我和他都曾在一个数据论坛上进行演讲。他分享了一个例子，这是我最喜欢的最佳干预选择的例子之一。你可能还可以在优兔（YouTube）上看到他的这次演讲，我在这里总结一下。

这个例子具体如下，Meetup 发展得十分迅速，以至于垃圾信息越来越成为一个主要问题。组织者们通常是产品的营销人员，他们只是为了推销产品，这与 Meetup“因兴趣而聚”的宗旨相悖。于是该团队设计干预措施以过滤垃圾信息，首席执行官斯科特·海费尔曼（Scott Heiferman）建议在创建流程中添加一个必需的复选框，上面写着“我保证创建一个真实的面对面的社区”。

安德烈斯对此表示怀疑。这个设计可能会把垃圾信息发送者拒于门外，但是注册流程的黄金法则是不要添加任何不必要的东西，因为每增加一个步骤都是在加大抑制压力，会影响注册行为。但他觉得，复选框也重申了公司的使命，即聚会网站的组织成员是一个个充满激情的个体，也许他们的激情会使其免受增加复选框这一抑制压力的影响，而这一措施确实能够减少垃圾邮件。它体现了干预选择中至关重要的一点：对“被证明是错误的”选择依旧持开放态度。

因为这个例子出现在这本书里，你可能已经猜到了这个有违直觉的（也可能是有违理性的）结果：复选框不仅减少了垃圾信息，还使成功创建的聚会增加了 16%。不仅聚会组织者有足够的热情（促进压力）来克服复选框带来的麻烦（抑制压力），而且复选框的使用肯定了他们的热情，这非常有意义，因为这实际上增强了促进压力。Meetup 能做到这一点的唯一原因是安德烈斯有勇气抛开来自他人或其他背景的先入之见，直接对明显的压力进行干预。不是因为这样做很酷，或者如果成功了会很酷，而是因为他知道自己的目标，并且清楚实现该目标的促进压力和抑制压力，所以他能够进行一次有价值的冒险。

第 6 章

透明度和责任感

我们创造的一切都是为了改变行为。我们生活中的一些最受赞美的角色都和行为改变有关：老师、医生、父母等，然而，我们从来没有把他们说成改变行为的人。如果你指责某人试图有意识地改变他人的行为，这等于诽谤他们，其原因的确令人毛骨悚然，因为这会让人想起营销人员、操纵者和销售人员的形象——他们让我们沉迷于香烟、信用卡或含糖饮料，自己却暗自搓着手得意地狂笑。

刻意改变别人的行为是可耻的，其原因可以追溯到人类心理的另一个神奇的方面：我们的大脑进化出许多偏见以保护我们脆弱的自我意识，这些偏见虽然有违基本逻辑，但是却能非常有效地帮助我们建立自我认同。其中一个自私的偏见大致是这样的：我做好事，是因为我是一个好人；我做坏事，是因为我受到了环境的影响。他人的情况正好相反：他们做好事，是他们所处的环境使然；他们做坏事，是因为他们很差劲、很糟糕。

这种偏见帮助我们建立了“公正世界观”，按照这种偏见，别人被强奸，是因为他们穿着暴露（退一步想想，这是我听过的最愚蠢的解释）；别人胖，是因为他们懒惰；别人的工资低于温饱线，是因为他们很蠢。而我们不愚蠢，不懒惰，也不穿暴露的衣服，所以我们是安全的。

虽然我们有时会做坏事，但我们本性善良，所以需要召唤一个恶魔——一个让我们做坏事的恶魔来中和我们善良的本性。下面谈谈这个改变我们行为的恶魔。我们是如此善良、纯洁和可爱，如果那些市场操纵者没有欺骗我们，我们永远不会吃太多的糖，是他们创造了一个改变我们行为的世界。这就是自由意志和行为改变之间的矛盾（这样我们就可以说服自己，“我原本不想这么做”，并诋毁他人，“是别人让我这么做的”。是的，人类是天生的浑蛋）。

但是现实并非如此矛盾。如果我们抛开偏见，那么那些天使般的老师和恶魔般的营销人员就都是行为科学家，改变行为这一概念在本质上并不存在道德与不道德之分。干预可以帮助我们依据自己的动机来行动，以获取巨大的好处，被广泛应用的道德干预是通向更美好世界的最有希望的道路之一。（如皈依者般狂热，还记得吗？）因为干预可用于伤害他人，不管你是否打算让人们知道你是一个行为改变专家，你都要负责地进行干预设计过程。记住，针对目标行为进行的行为改变涉及不同力量的博弈，你应该有意识地选择做何事，不做何事。从自己的价值观出发，你总会觉得干预合乎道德，但你最好找出一些隐藏起来的问题，以避免在醒来时发现自己所做的事并不值得自豪。虽然干预设计过程能帮助你遵循道德准则，但它的效果也有限，毕竟，我们每个人最终都必须为自己创造的行为结果负责。

因此，在对已经选好的干预措施进行预试验之前，我们需要停下来，进行两方面的道德因素检查：我们要改变什么行为？我们该如何改变这个行为？这两个伦理问题体现在两个基本的行为差距上："意图-行动差距"和"意图-目标差距"。

我们大多数人都熟悉"意图-行动差距"，这也是行为科学书关注的主要问题。例如，我们打算去健身房，但我们没去；我们想吃得健康，面前的碗里却装满了 M&M's 巧克力豆和辣奇多芝士条；我在两年前就打算写这本书，但是，你知道的，事实上……我们耸耸肩，继续像往常一样生活，没有任何行动。

在进行干预设计的过程中，由于行为陈述里面已经包含了行为动机，因而"意图-行动差距"层面的道德问题就解决了。行为结果与最初的行为动机清楚地显示它们具有一致性，这就可以确保消除道德上的顾虑：因为这些人已经想做这件事，所以我们不是强迫他们去做这件事的。如果他们想去健身房，唯一符合道德的问题是：如何让他们去健身房？

“意图–目标差距”在行为科学中很少被提及，它在伦理上也更令人担忧。这种差距指的是，目标明确，但是缺乏实施行为的意图。例如，我想练出六块腹肌，但我没有做仰卧起坐的打算；我想保持健康，但我没有洗手的想法；我想有一个心仪之人，但我拒绝洗澡［啊，青少年啊！我在网上询问最能表达“重要的另一半”的词汇，“心仪之人”（bae）是首选，“爱人”（lover）是另一个最重要的选项，但是“想有一个爱人”听上去很奇怪，所以我采用了“心仪之人”］。

在这种情况下，行为陈述中的动机也解决不了问题，因为上面的那些人连动机都没有，更别提行动了。因此，我们要解决“动机”和“行动”两方面的伦理问题，因为解决“意图–目标差距”层面的伦理问题后，仍然会有“意图–行动差距”层面的伦理问题存在。所以，我们就从“意图–目标差距”这一难题开始。

确定“意图–目标差距”层面的道德标准有一个非常简单的原则：如果你的目标人群没有任何意愿去实现某个行为的改变，那么你的干预就是不道德的。换言之，如果你不能构想一则有效的行为陈述，你就越界了。

为了更容易地从实践中理解这一点，让我们回到流感疫苗的例子。改变流感疫苗注射行为的“标准行为陈述”有点儿荒谬——一个你信任的医生对你说：“你注射流感疫苗了吗？没有？”他拍拍你的手以示鼓励：“你真的应该注射流感疫苗。”（这就是只有不到一半的美国人注射流感疫苗的原因。）这种方法的问题在于它实际上没有区分“意图-行动差距”和“意图-目标差距”之间的差别。所以在三叶草健康医疗公司，我们尝试了一个直接且具有开创性的方法：我们开始询问意图。在一项调查中，我们问会员前一年是否注射了流感疫苗；如果没有，他们是否想注射疫苗。结果发现，大约50%的会员都有注射流感疫苗的想法，但没有付诸行动（因为他们去的药店不出售流感疫苗，他们没有时间注射疫苗，等等），另外50%的人一开始就没有注射流感疫苗的打算。换言之，在被调查的人当中，一半人存在“意图-行动差距”，另一半人存在“意图-目标差距”。

这里的问题是：改变那些无意注射流感疫苗的人的行为合乎道德吗？为了回答这个问题，我们构建了实际的“意图-目标差距”（他们想保持健康，但不想注射流感疫苗），并讨论解决方案。

第一步是确保会员清楚地理解“意图-目标差距”，因为有些人有目标，但没采取相关行动，仅仅是因为他们没有意识到目标和行为是相关的。例如，如果他们想保持健康，但他们不知道注射流感疫苗会有助于保持健康，那么造成这种差距的原因就只是一个信息问题，让他们知道这种联系就足以消除这种差距。你可以很容易地测试这一点：在流感疫苗注射的例子中，我们询问人们是否知道注射流感疫苗能保持健康，他们大多数人都说知道，因而我们可以确定“意图-目标差距”的存在不仅仅是因为信息不足。事实上，信息不足通常并不是形成“意图-目标差距”的唯一原因，这就是为什么提供信息的这类干预措施并不如我们希望的那样奏效。

我们能从中得到什么？我们知道人们想要健康，但他们不想注射流感疫苗，他们也知道健康与注射疫苗两者相关。如果我们把行为陈述写成：当（人们）想保持健康时，如果他们（条件），他们将会注射流感疫苗（由注射疫苗的次数来衡量）。这是不合乎道德的，因为这一陈述与事实不符。我们只能另外找到一个动机，这样才合乎道德准则。

记住，我们的原则是：如果改变行为不尊重他人的动机，即使动机是显而易见的，这个行为改变也是不道德的。对于注射流感疫苗，有会员明确表示自己有保持健康这一目标，我们就可以使用“让他人保持健康”这样的动机，而不是模糊的“保持健康”这样的动机。这样做在道德上是合乎情理的，因为会员自由地表达了他们的动机，这一动机可以用行动实现。最常见的保持健康的理由都和其他人有关：孙辈、子女、配偶、教友，以及所有让我们想保持健康的人，即使保持健康只是为了可以和他们一起去逛街。

这看起来很明显，但也容易让我们回避问题。例如，香烟营销人员可能会说：每个人都希望自己看起来很酷，吸烟让你看起来很酷，因此创造吸烟行为在道德上是合理的。因此我们需要加一句话以使这一原则更加完整：如果行为结果不是人们想要的结果，或者这种行为带来的好处无法抵消其导致的损害，那么该行为动机就是不道德的。

流感疫苗符合这一原则：它尊重了动机（让他人保持健康），也不会显著妨碍任何其他动机。吸烟则不符合这一原则，尽管它可能让你看起来很酷，而且大多数人都希望自己很酷，但它也可能是致命的，而且大多数人一定都害怕死亡。吸烟虽然可以让人变酷，但这一好处绝对无法超过吸烟可能带来死亡这一损害。

现在我们只解决了一半的道德困境；知道可以改变什么样的行为了，但是我们还没有明确如何使改变行为的过程也合乎道德。这只要稍微更改一下上面的原则：如果一种行为的优点小于付出的代价，则它是不道德的。干预措施也是如此，即其优点要大于缺点。因此，我们的道德准则是：如果行为结果不是人们想要的结果，或者这种行为或干预带来的益处没有超过因此导致的损害，那么它就是不道德的。

例如，如果劝会员注射流感疫苗的信件里包含了极端语言，比如“如果你不注射流感疫苗，你会害死你的孙了”，这就是不道德的。首先，这不是事实；其次，人们受到刺激，效果会适得其反，他们会感到极度悲伤和愤怒，让会员失去快乐这一代价超过了注射流感疫苗的好处，这不道德。

现在，你可能指出：香烟营销商有很多含糊其词的地方。你说得没错。就像我们在这本书里讨论的所有偏见一样，即使是最有善意的人也会自圆其说，因为大脑天生能改变我们的感知以支持我们的行为。尽管我们在行为陈述中考虑到了人们自己的动机，并且已经采取终止防范措施，但这也不能完全消除我们固有的偏见。因此，我们需要在行为陈述中增加一个词使其无懈可击：透明度。

因为行为陈述有主观成分（成本和收益之比），所以不同的人可能会以不同的方式权衡两者的关系，这是无法改变的。香烟营销商的生计依赖于他们所创造的干预手段，他们需要低估成本和夸大收益，这不容易做到。我们要让行为陈述和干预措施透明化，可以让不具备行为动机的旁观者从外部进行道德评估。正如我们使用三种不同的研究方法以获得现实的聚合效度一样，我们也可以用三角交叉法对“成本和收益之比”是否合乎伦理进行评估，以获得伦理的聚合效度。如前所述，评估方法越多，我们对结果就越有信心。

要做到完全透明是不可能的，可能的原因有：商业考虑、法律，甚至一些干预措施如果过于透明，其有效性就会降低。但是，所有行为科学家都有责任尽可能地让干预措施接近完全透明。这需要你在自己的公司内部广泛征求意见，咨询该领域的专家，或者聘请外部的伦理组织，如机构审查委员会。例如，在三叶草健康医疗公司，行为科学团队的成员要完成道德培训，公司建有一个内部道德审查委员会，由首席科学官（CSO，全称 Chief Science Officer）担任主席，从公司内部选举代表。最重要的是，我们会尽量在公司博客上公布我们的干预措施，不管它们是否有效。

现在，我们有了一个道德准则（如果分行排版，会更容易阅读）。

如果：

- 你的行为结果不是人们想要的结果，
- 或者你的行为结果或干预措施带来的益处无法超过其付出的代价，
- 或者你不愿意公开描述你的行为结果或干预措施并对其负责，
- 那么你的干预就是不道德的。

有了透明度和责任感，这最终才算是一个合理的道德审查。但这也并非万无一失，我们必须时刻意识到确认偏见的存在，不能因为是我们自己进行的干预，我们就认为干预合乎道德。正如本书中反复提到的，注重你的结果，并警惕你对任何特定干预措施的偏爱是行为科学家最重要的技能之一。

在排除所有道德层面的抑制压力后，让我们把促进压力增加到惊人的程度吧。2017 年 4 月 2 日，诺姆 · 沙伊贝尔（Noam Scheiber）为《纽约时报》写了一篇报道，揭露优步利用行为科学让司机在道路上进行长时间、不间断的驾驶。[9] 优步在反思了其创始人特拉维斯建立的公司文化后，为自己做出如下辩护。

> “虽然我们为司机提供信息，告诉他们哪些地方的打车需求量大，激励他们提供更多服务，”优步发言人迈克尔·阿莫迪奥（Michael Amodeo）表示，“但是，任何司机只要按一下按钮就可以停止工作，是否要持续开车完全由他们自己决定。”

他怎么能说这种话？我可以明确地说，“但是，他们可以自由选择”这句话对任何干预措施都是糟糕的辩解。你专门创造措施来改变人们的行为，就得对行为变化的后果负责。烟草公司不能简单地说“但是，人们可以在任何时候戒烟”，因为他们在促进人们吸烟的广告上花费了数十亿美元，他们知道这些广告会让人更难戒烟。优步也不能简单地说“但是，人们可以在任何时候停止开车”，因为他们故意设计了让停止开车更难的方法。持续在路上开车的益处无法超过死于车祸或精神崩溃的代价。

在优步的自我辩护中，我最感兴趣的部分是，他们声称不用担心这些干预措施，因为它们不起作用。优步经济和政策研究主管乔纳森·霍尔（Jonathan Hall）在《纽约时报》的报道中称：“利用人们的心理特征，干预人们玩 Zynga（一家社交游戏公司）游戏的时长或干预优步司机开车的时长，这些措施的作用不大。”真的吗？那就别实施那些干预措施了。如果你所干预的人群获得的益处没有明显超过你给他们造成的损失，那么你就不应该扩大干预范围。

既然我们选择科技公司作为例证，那就让我们选择另一家大家最喜欢的公司：脸书。2014 年 6 月，脸书与康奈尔大学的一些研究人员发表了一篇论文[10]，该论文描述了一项大规模的干预措施：该公司操纵其“用户新闻提要”的内容，使其包含更多正面或负面内容，结果用户就会相应地发布更多关于他们自己的正面或负面内容。是的，脸书故意让人们不开心。真棒！

就像优步一样，脸书荒谬的流程可以帮助我们理解他们是如何进行如此不道德的干预的。首先，他们没有遵循干预设计过程的流程。在没有进行有效的预试验的情况下，他们将该干预措施实施在近 70 万名用户身上，而进行预试验的主要目的是避免负面活动所造成的损害。如果脸书先在 100 个人身上试行这种干预，他们很快就会发现负面新闻会让人们发布更多负面信息，他们本可以在不损害 70 万人的情绪的情况下将这一干预措施扼杀。这件事是不是让人特别糟心？但是研究人员似乎很自豪，他们开心地在论文的第一句话里特别提到样本量的“巨大”。

第二，他们回避评论。发表该研究的学术期刊《美国科学院院报》（PNAS）的编辑对该论文引发的强烈抗议做出了如下回应。

> 当作者们准备在 PNAS 发表论文时，他们表示：“这项试验属于脸书公司的内部项目，康奈尔大学的机构审

查委员会确定该项目不在康奈尔大学的‘人类研究保护计划’范围之内。”这一说法已经得到康奈尔大学的证实。[11]

为了能够让文章得到发表，脸书没有寻求外部审核，而是故意回避了外部审核。记住关于透明度和责任的这句话：如果你希望别人不要评论你的工作，那么你就可能是在做一些不道德的事情。

第三，他们的回答模糊不清。研究人员虽然立即道了歉，但并不是因为他们的干预措施对网民造成的负面影响，而是因为这项研究在发表后使人们产生了焦虑。其潜在的逻辑就是：在干预行为中让人们不开心是完全可以的，很抱歉告诉了人们这个真相而让他们心烦意乱。

几个月后，脸书的首席技术官在博客上发帖回应。[12] 首席技术官故意没有提到公司在干预中宣传了负面内容，只提到了宣传正面内容。同样地，如果你发现自己不得不非常小心谨慎地写博客以避免争议，那么你就可能是在做一些不道德的事情。

在帖子中，首席技术官列出了脸书为回应对该研究的强烈抗议而采取的行动，包括简要的四个方面的内容：建立道德准则，选举公司内部代表组成道德审查委员会，开展道德培训，以及建立一个集中发布该公司论文的网站（最后一方面内容有点儿令人感到困惑：发布你已发表的研究论文与发布你的干预项目是不同的）。不出所料，这些策略和我之前向你建议的一样，但奇怪的是，为什么当时市值为 2 000 亿美元的脸书没有提前采取这些措施。

如果我对伦理道德的重要性还没解释清楚，那么我在这里补充一点：在上述论文和帖子各自被发表后的一周内，脸书分别损失了 140 亿美元和 120 亿美元的市场价值——希望这足以提醒你，你的公司和你的道德是紧密地联系在一起的。

第 7 章

从预试验到持续监测

在世界各地的会议上，人们在开始发言时总是先对某个词语在词典中的含义及其相关问题进行阐述，这样的事情每天都在发生。我讨厌那些阐述，但它们确实触及所有领域的一个基本真相：如果人们对一个术语的理解无法达成一致，那么一切谈话都毫无意义。因此，我想首先界定“预试验”“测试”“大规模试验”的含义，并解释它们为什么是干预设计过程必有的三个独特过程，不过我不会借助词典。

首先，它们有严格的先后顺序：没有进行预试验，就不能进行测试。每进一步，你对干预效果的信心就提升一步，对该效果所能达到的规模及达到该效果所需的成本也会更加明确。这主要是因为每进一个阶段就意味着更大的样本量（这个花哨的统计术语的意思是"有多少人参与了干预"），更有效的设计和流程，更多的公司人员参与其中，相应的干预措施也更有可能被确定下来，成为公司标准操作流程的一部分。

预试验是有严格范围限制的干预，这种干预可能最终不会奏效（记住，必须明确证明有效性，以避免确认偏见）。因此，应该使用较小的样本量，关注干预措施的进展速度，以不那么"尽善尽美"的方式进行干预。说其不够"尽善尽美"不仅是因为这个词有趣，而且还意味着在预试验阶段要努力减小对公司的影响，而不是大规模地推广程序化的操作。很少有预试验是不经过反复进行或改进就能取得成功的，在长时间的调整过程中，任何环节都有可能变化。

这样做有一个重要的好处：减少对客户和员工的影响。当我们以一种看似完美的方式做事时，客户会很快适应，中断这种方式会让客户感觉受到伤害。对员工来说，这更是一个大的打击。领导者经常犯的一个错误是：他们意识不到员工们会全身心地投入新项目，并以为员工们不在意该项目被停止。但事实上，人们会非常在意自己工作的意义，所以，通过控制预试验的规模，最大限度地降低投入，使其不那么尽善尽美（是的，这个词用起来仍然很有趣），可以减少对员工的影响。丹·阿里利和他的同事们用一种有趣的方式证明了这一点：他们付钱雇人组装乐高玩具，对其中一组被试的做法是，在他们刚组装完的时候就当面拆掉他们组装好的玩具；对另一组被试的做法则是，将他们组装好的乐高玩具整齐地摆在他们面前。结果显示，前一种做法会让组装者更快地放弃这份工作。[13]这个实验说明人需要有成就感，预试验和测试可以减少对人们的成就感的伤害。

速度和资源效用也很重要。因为我们选择了多项干预措施，所以我们在一定时间内很有可能同时进行三到五个预试验。如果进行这些预试验的效率过低，我们将会停滞不前，所以必须不断地集中精力寻找粗略版的、能改变行为的干预措施。我给项目经理的经验法则是：如果某个预试验耗时两周以上，就应缩小它的范围和规模。例如，你想通过发信件的方式进行预试验，但这会让收发室的信件堆积如山，怎么办？那就从电话咨询开始。想尝试一下高科技手段？别急，先做一张电子表格，试试人工操作，看看这样是否有积极效果。但与此同时，要确保这些干预措施确实能改变行为——你肯定不想因为仓促行事而错误地放弃某一项干预措施吧。

跟前面讨论的可能性验证一样，预试验验证以定性和定量的方式确认你正朝着正确的方向前进。因为样本量很小，所以这从统计学上来说没什么意义，但是没关系，我们只想确定干预措施会产生正面影响、负面影响还是没有影响，以决定下一步往哪儿走。有没有人只愿意在教堂诊所注射流感疫苗？收到信件的人会比没有收到信件的人更积极地去注射疫苗吗？先有一个粗略的想法，再用三角交叉法进行检验，然后继续。或者，如果真的没有足够的信息得出结论，并且你本能地认为是因为规模太小而导致得不到足够的信息，那么你可以扩大预试验范围，再进行一次预试验。

即使不是为了统计上的显著性，预试验验证也是衡量干预设计过程最重要的一个阶段。我们在写行为陈述时会说一些自信的话，比如“用（数据）来衡量”。预试验是我们第一次真正地衡量目标行为。定量研究人员将确定如何持续地获得这些数据，定性研究人员要确定访谈中提什么问题，在什么环境下进行观察。如果这一步做得好，现在构建的模式就能指引以后的每一步，直到进行大规模试验。

一些干预措施很有可能无效，甚至与你想要的结果相去甚远或相反，这很正常。如果每次尝试都产生了你想要的行为改变，那么这很有可能是因为衡量的方式有误，或是确认偏见导致的。当干预不能产生你想要的结果时，你就得做出决定——就像干预选择一样，你最终只能凭直觉去做这个决定：要么修改预试验并重新做一遍，要么停止这个预试验并回到“压力箭头图”和“干预设计”环节去找新的方法。但是，和干预选择一样，某些模式会提供一些帮助决策的信息。

最好在干预设计过程中针对共同的促进压力或抑制压力设计不同的预试验，这样就可以判断一个失败的预试验是偶然的还是必然的。例如，在流感疫苗的案例中，针对社区责任这一促进压力，可以让宗教领袖向教徒宣讲注射疫苗、保护他人的重要性，也可以以相同的理由给社区的每个人写一封私人信，鼓励他们注射疫苗。如果这两项干预措施都没有显示哪怕一点点的效果，那么这可能是由于社区责任这一促进压力的作用并没有想象中的那么大，应该停止这个方向的预试验。如果宣讲有效而信件无效，则社区责任这个促进压力仍然有效，只是应该把发送信件这一预试验改成开展更多的宣讲活动。

要修改的方案也可能受其他干预措施的预试验结果的影响，即使它们不是基于同样的压力因素的。不要太关注单项干预措施的去留及单个压力因素的有效性，它们都是达到目的的手段。我们从结果开始，结果就是行为。如果你同时进行 5 项干预措施，1 项不起作用而 4 项效果很好，那么就不要再考虑这项不起作用的干预措施，而应该继续进行预试验。你已经通过干预改变了行为，这是进行整个干预设计过程的目的。

现在开始讨论“统计学显著性”和“效应量”，你们中的一些人可能已经开始点头说好了，尽管你们实际上并不知道这两个术语是什么意思。别担心，每当有人开始谈论流行文化时，虽然我无法从一组名单中挑选出青少年喜欢的流行歌星，我也都会频频点头的。但是，数据统计很重要，了解它们有利于更好地进行干预设计过程，所以在讨论预试验、测试和大规模试验之前，我们将简短地介绍一下数据统计及其使用方法。我当然不会教你如何做数学题，（你以为我在写数学教材吗？）但至少我能确保你会一直频频点头。

即使你是统计学专家，也请阅读这一部分，因为我将挑战统计学里的一些基本假设。我是现代的马尔德[①]，我认为统计学一直都在隐瞒 P 值的真实意义！这是一个阴谋！

对干预措施的数据统计的验证基于这样一个简单的事实，即人们既不是完全可预测的，也不是完全不可预测的。如果人是完全可预测的，那么就不需要任何数据统计，因为干预对人的影响将是零，也就是没有影响。以流感疫苗信件为例：如果人是完全可预测的，那么收到信件的人要么都会注射流感疫苗，要么都不会，验证就像观察整个团队的移动方向一样简单。

如果人是完全不可预测的，那么就不需要数学（或干预）了，干预设计过程将不起任何作用。因为不管采取什么样的干预措施，人们都会随机地或者不受任何因素影响地去注射疫苗。事实上，这个世界还没有变得那么混乱不堪，行为还是可以被改变的，因而可以有把握地认为这不是一个完全不可预测的世界。

所以，我们发信件进行了测试，有些收到信件的人注射了流感疫苗，有些没有。数据统计能算出有多少人是因为收到信件而去注射疫苗的，有多少人是由于其他因素影响而去注射疫苗的。

在一个完美的世界里，这封信可以被发给地球上的每

① 福克斯·马尔德（Fox Mulder）是美国电视剧《X 档案》里的一个主要角色，他相信超自然现象、外星人、鬼魂、宗教和阴谋。——译者注

一个人。依此方法能够算出这封信对所有人的真实影响，通过统计行为变化的数量就能确切地知道干预是否有效。但这显然是不可能发生的——我付不起寄这75亿封信的费用！因此，我们会把信件发给一部分人（这就是我们的样本，“样本量”里的“样本”），并尝试推测其他未收到信件的人可能会如何行动。发给越多的人，我们对统计的结果就越有信心，这个统计结果也会越接近把信件发给每个人的结果。

在预试验时，我们可以选取200个人，给其中100个人（实验组）寄信件，对另外100个人（对照组）什么也不做，运用两组统计数据测试寄信件能否有效地改变行为。首先是在实验组内部进行比较：只测试收到信件的人，看看有多少人在收到信件前的一个月里注射了疫苗，有多少人在收到信件后的一个月里注射了疫苗。如果有更多的人在收到信件后注射疫苗，那就证明发送信件的方法有效。

且慢，还有一个可能：流感高发季节来得越晚，注射流感疫苗的人就越多，注射疫苗人数增多可能与这封信无关。因此还需要做实验组与对照组之间的对比，看看有多少收到信件的人及没收到信件的人在接下来的一个月里注射了流感疫苗。如果有更多的收到信件的人接受了疫苗注射，那么这也证明发送信件的方法有效。

这两种比较均有共同的指向：收到信件的人更有可能注射流感疫苗。不是完全有可能（记住，这仅仅适用于那些行为可以被预测的人），但与什么都不做相比，信件提升了注射流感疫苗的可能性。这就引出了两个重要的问题：信件让人注射疫苗的可能性有多大？这一结果是否适用于那 200 个人之外的更广泛的人群？这就是定量研究里的两个数值：效应量和 P 值。

“效应量”回答了第一个问题：这封信是真的非常有效地改变了人们的行为，还是只是在很有限的程度上改变了人们的行为？理解“效应量”非常简单，数量越多，就意味着干预越有效。虽然“效应量”的具体意义无法立刻得到体现（这在很大程度上取决于你所衡量的内容），但是定量研究人员可以很容易地将其转化为描述性的陈述，比如，收到信件后，注射流感疫苗的人会增加 20%。

“P 值”回答了第二个问题：你在多大程度上可以确定信件产生了效果？这个值有点令人感到困惑，其数值越低，说明干预越有效，因为 P 值的意义是：在多大程度上，试验的结果是偶然因素所致，而非你的干预措施所致。例如，发送让人注射流感疫苗的信件，如果 P 值是 0.2，这就意味着有 20% 的概率是错的（这封信没有效果），80% 的概率是对的（这封信改变了行为）。请注意，错了并不意味着这封信有负面影响，会阻止人们注射疫苗，而只是意味着信件没起作用，我们称之为零结果。

如果你不得不和一个统计学团队一起工作，而他们并不了解行为改变科学，你很有可能会为这个 P 值跟他们起争执。在传统意义上“正确”的 P 值小于 0.05（错的概率是 5% 或 1/20）。这种惯例来自学术界，在学术界只有正确的结果（$P<0.05$）才会被报道，因为其他人会在此基础上进行研究，不正确的结果（$P>0.05$）可能会使后来的研究失去意义。

我们关注的是改变行为，而不是诺斯底式地追求知识，所以我们只要大体上正确就行。想象一下，有一项 P=0.2 的干预措施，如果你告诉普通的统计学家，他们会说 P=0.2 相当于干预措施没有效果。天哪，伙计！事实上，这个数值只是表示你的结论有误的可能性为 20% 而已。可恶！可恶！可恶!

我们关注的是干预效果！P=0.2 像是一种容易吞咽的小药丸，它除了让你的魅力增加 20%，没有任何其他副作用，所以完全可以接受。它尝起来像棉花糖并且味道多种多样，价格却只要 1 美分，而且它能治愈癌症。即使我有 1/5 的概率是错的，它不能治愈癌症，但是我们是不是也应该尝试一下？因为所有的预试验验证都是为了确定是否应该进行更大规模的测试。

一般而言，对于被罗列出来的干预措施，很少有结果被证明产生了负面效果，更多的结果仅仅是没有产生预期中的正面效果而造成了资源的浪费。因此，如果干预措施不会造成明显的负面影响，那么 4/5 的正确率并不可怕，这才是数据统计的意义所在。

P 值的存在是因为不能对世界上的每个人都进行干预。

如果能对每个人都进行干预，那么测量结果就是干预的实际效果，就可以确切地知道有多少人改变了行为。因为研究是基于选择的样本的，这就需要确定在多大程度上，基于样本的结果可以被推广至更大的人群。样本越小，我们要做的推测就越多。如果能对世界上一半的人而不是只对 100 个人进行干预和测量，我们会对测量结果的代表性更有信心，该结果也将更接近干预措施的真实效果。

预试验的样本量小，因此它很难让人相信干预措施可以改变所有人的行为。这就是我们需要继续进行测试的原因之一。

如果行为改变有聚合效度，那么即使 P=0.2，你也会想更多地了解干预的效果。测试类似于预试验，但它会涉及更多的人，操作难度更大。在这一阶段，需要确定扩大研究规模，衡量干预对行为的影响有多大，我们努力地想知道："这样做值得吗？"这比想象的要难很多。事实证明，找到改变行为的干预措施相对容易，但找到值得推广的干预措施相对困难。所以要进行测试验证，重点是获得持续的定量和定性反馈，同时还需要考虑"操作成本"和"效应量"的要求。

如果你很聪明（或者超级聪明），你可能会问为什么不直接从测试开始，毕竟，更大的样本量总是会带来更可靠的结论。如果预试验唯一的目的在于证实需要用更大的样本再做一次测试，为什么一开始不从大样本着手，省去这额外的一步呢？

因为我说不可以。预试验成本低廉，可以有效避免各种易于察觉的损失，比如，避免把钱浪费在无效的规模化干预上，避免因做大规模的蠢事而带来的损害。你可能会争辩说，一次测试就可以找出这些问题，而且这样做只比预试验的成本稍高，在展示问题方面稍弱。既然有 P 值揭示结果的准确程度，为什么要进行预试验？

我们可以把真正的原因归结为一个简单的事实：失败会带来痛苦。失败越大，痛苦就越大。我们投入越多，就越不愿意失败，越容易忽视证明措施无效的种种迹象，这又回到干预设计过程所努力防范的确认偏见。预试验的主要优势不在于样本量小，而在于它比测试的投入少，我们从而也更愿意去识别那些无效的干预措施。

这不仅是为了节省发送流感疫苗信件的邮费或者避免损害公司的名声。记住，预试验中不完美的操作是为了避免大量资源的浪费及干预流程的中断。尽管在现代商业社会，很多企业既没经过预试验也没进行测试，就推出了大量的大规模干预措施，但几乎没有人会说测试不好。人们不做测试的原因是抑制这一努力的力量太强，而不是因为测试本身没有价值。实际上，如果跳过简单的预试验，我们的干预验证周期就会更长。

用简单的数学计算就可以说明预试验的作用了——以三叶草健康医疗公司为例。我们的行为科学团队将成员分成 3 人一组：1 名定量研究员、1 名定性研究员和 1 名项目经理。

1 个小组每次做 2 个项目，每个项目平均 8 周，所以每个小组每年大约有 12 个项目。每个项目需要预试验 3～5 项干预措施，因此每年有 36～60 次预试验。我们通常有 2～3 个这样的小组，一个 10 人的行为科学团队每年总共可以进行 180 次预试验。

想象一下，你要实施“尽善尽美”的大规模干预措施，同时 P 值要满足 $P<0.05$。首先，因为还不存在标准化的操作程序（记住，一周要进行 3 次操作调整），你根本无法保证上述试验的速度。其次，如果你是一个领导者，在进行大规模干预措施的过程中，你是否有勇气承认，50% 的干预措施无效并应该被终止？即使你能做到，你的团队也不会答应，因为你把他们所有的时间都花在了这个项目上，却不能将其进行大规模推广。

预试验让我们没有太多的负担，也能避免确认偏见。在公司的正常运行中，应当在测试前增加一步预试验，通过多项预试验可以排除好看但不好用的方法。因为一开始没有投入很多，所以我们还可以尝试很多其他的预试验。

这就是为什么在预试验阶段我们不在意 $P=0.2$，因为再加上定性检测结果，形成有力的三角交叉验证，我们就可以推进到测试阶段，承受因停止某些干预措施而招致的批评，并进行大规模干预。这才是测试的真正亮点。因为预试验的唯一目的是弄清干预能否导致行为改变，所以它不具有长期性。在测试中，我们就可以开始考虑让某些做法成为最终的标准操作程序的一部分了。

这一考虑会给测试带来一些变化。首先，要考虑真实运用，所以可能需要改进干预措施。一方面，预试验的结果反映了这一要求；另一方面，扩大测试规模时也需要调整一些措施。我们要对这些措施进行验证，确保措施的变化不会导致最终结果的变化。

第二，更多人会参与其中，有客户，也有员工。这点很重要，主要是因为令人讨厌的确认偏见。我们在预试验中已经实施了一次干预，所以我们很兴奋，想把它向前推进。但是请记住，P=0.2 意味着实际上有 20% 的干预措施不能改变行为，所以这 20% 的干预措施无法通过测试验证（如果通过了，那就是确认偏见）。当这种情况发生时，你的选择与预试验阶段类似：重新测试一次，看看它是否只是一个异常值。如果其他干预措施奏效，那就完全放弃这项干预措施，或者对它做调整，重新进行预试验。观察 P 值、效应量及可能的干扰，挑出因范围扩大而不起作用的措施。恭喜你成了一个领导者！

P=0.2 意味着 80% 的干预措施是有效的，这将在测试验证中再次被证明。测试的目的不仅仅是确认干预措施改变了行为，也要确定干预措施是否值得实施。这件事值得做吗？测试的主要目的不是进行干预，而是判断是否要进行下一步的大规模试验。

在干预设计过程中，我们进行了多轮验证，从最早的可能性分析和压力影响因素分析，到对实际干预的两次验证，我们清楚地知道干预需要花费多少精力。基于此，在测试之后，我们可以得到一个比较确定的“付出和收获的关系”的陈述。[14]

我们有（信心），（干预）将（方向）（行为）[由（数据）衡量]。大规模试验需要（努力），会带来（变化）。

“疯狂填词”（Mad Libs）游戏是不是很有趣？让我们一起来填词。

信心 = 基于 P 值，但在措辞上通俗化而非学术化

干预 = 具体的干预措施

方向 = 增加还是减少行为

行为 = 行为陈述中可衡量的活动

数据 = 对群体目标行为的量化

努力 = 大规模试验所需的资源

变化 = 基于 P 值，但在措辞上通俗化而非学术化

对于流感疫苗信件的例子，具体陈述如下。

基于改善会员健康的目的，我们对于通过给居民寄送关于注射流感疫苗的私人信件来提高流感疫苗接种率（由流感疫苗接种数量衡量）非常有信心。进行大规模试验需要

大约10个小时和5 500美元，试验将增加大约500次流感疫苗注射。

上面的很多术语都无须解释，这是干预设计过程步骤的自然结果。但是非常聪明的人可能会细心地指出：如果只对有信心的措施进行大规模试验，为什么需要表示有信心这样的语句？

简单的回答是：要有信心，要有信心（这听起来像伟哥的口号），85%的肯定和99%的肯定是有区别的，决策者应该知道自己有多大信心。还有一个更重要的原因：需要记录失败。

在科学领域，研究结果主要通过同行评阅的期刊传播，所以存在一个“发表偏差”[①]的概念：你从来没有听说得到了“临界结果”的研究，因为它们不会被发表。事实上，有很多研究确实取得了显著的成果，但没能被发表，仅仅是因为它们被认为缺乏新意，期刊只有有所选择，才能有所回报。

发表偏差在商业领域更严重，我们不仅不谈论“临界结果”或“无资金支持的干预”，也不谈论“方向相反的结果”。在科学领域，如果你偶然发现一些公认的现象无法被复制，或者你的实验得出相反的结果，你是可以将此发现或结果发表的。但是在商业领域，缺乏有力的证据、结果相

① 发表偏差是在学术出版过程中出现的一种现象。研究人员往往会发表罕见的成功结果，而实验中的大量失败结果并没有被发表。当是否发表的决定受研究结论影响时，便会出现发表偏差。——译者注

反的干预和无资金支持都被视为失败，商业领域的基本规则是：不谈论失败。

当谈到干预设计过程时，请忘记上述规则。如果一个大规模试验非常清楚地显示，流感疫苗信件确实不奏效，或者我们不确定它是否奏效，那么这个试验是有价值的，应该把它和干预设计过程里的所有其他细节一起存档。不管每次的结果是好的，是坏的，还是不好不坏的，都要对其进行记录。

想象一下，如果必应学校版不成功，那么我会灰溜溜地离开微软。就像“至尊魔戒”①（我无法抗拒霍比特人的笑话）一样，时间会流逝，我的努力会被遗忘。也就是说，以后其他人会重做我们所做的研究。通过记录“我们不确定”或者“我们相信我们做错了”，我们创造了一个可追溯的历史，它对未来的干预研究是一笔财富。这就是要表达信心的原因。

剩下的内容很简单：描述干预和干预产生的行为，以及是否值得干预，权衡付出和收获的关系。语言表述清晰并不意味着大规模试验会很容易，权衡“资源”和“需求”是成败的关键。当我们通过干预设计过程推动这些需求，在付出和收获关系明晰的领域实施干预措施，决定优先资助哪些措施时，不仅仅要考虑措施由谁实施和如何被实施。

尽管决定进行大规模试验很艰难，但是不能放弃，因为还有一个基本事实：即使是规模干预有一天也会不起作用

① 至尊魔戒是英国奇幻小说《魔戒》中的物件，拥有强大的威力，后来被小说主人公霍比特人佛罗多·巴金斯摧毁。——编者注

的。要知道这些干预措施何时奏效，何时该修改或终止干预措施，唯一的方法是持续监控。这又是一次验证，需要持续验证一项干预措施乃至整个干预措施组合的运行效果。

这很重要，原因有二，且均与一个事实相关：行为科学家认为人们的认知注意力有限。作为一个三岁孩子的父亲，我的精力正在减退，而不是在增长。大脑在任何时候都只能处理有限的事情，即使把很多事从积极思维中转移，交给大脑的无意识思维来处理，认知注意力最终还是会被用尽的。每一次干预不管有多小，都会消耗研究者们有限的认知注意力。

这样就会产生“食人鱼效应”[①]。随着时间的推移，研究者会逐步建立针对同一目标行为的各种干预措施，例如一组戒烟的干预措施。因为适合所有人的干预措施几乎不存在，研究者必须不断创造新的干预措施。如果把所有关于戒烟的学术论文加起来，你就会发现总的效应量巨大无比，这似乎意味着如果把所有干预层层叠加，每个吸烟者都会戒烟。

但是这不可能发生。虽然每次新干预肯定会改变一些人的行为，但是不能把单项干预措施影响的人数相加，获得总人数。对一种行为的干预是如此（把烟放到上锁的抽屉里会让你的注意力稍稍从印有“吸烟有害健康”的烟盒上转移），对多种行为的干预也是如此（同时节食和戒烟？祝你好运）。通过持续监控所有的干预措施，可以知道每增加一项干预措

① 食人鱼效应是指把一群鱼放在一个鱼缸里，它们很快会互相蚕食。——译者注

施的效果：该干预措施会蚕食其他干预措施的效果吗？总的效果是增强还是减弱了？持续监控能保证对各种干预措施的效果进行准确的评估。这就是为什么分层式行为陈述如此有用：如果优步营销部门的干预措施增加了其应用软件的注册率，但最终却降低了整体乘车率，那么这就是一种糟糕的干预，可以直接将其剔除。

现在，有些事情已经超出了你的控制范围。干预竞争会加剧大规模的广告支出，我在本书开头就表示我非常反对这么做。如果没有很好的协调，设计不良的干预措施会像参加核军备竞赛一样展开竞争，以博取公众的注意力，导致公众的认知严重超载。无论你能多好地控制自己内部的干预措施组合，你都不可能真正退出全球对认知资源的竞争。

这也是持续监控起作用的地方。如果你想禁烟，并为此采取了一套有效的干预措施，那么当相关的影响因素发生变化时，你就需要调整这套措施。20 世纪 70 年代效果好的广告在 50 年后不可能有同样的效果。影响因素变化了，就需要修改或终止某些干预措施，这是一个自然的过程。尽管人们为创建规模干预付出了很多，但是这些干预措施并不能永远被保留，它们需要为新的、更好的干预措施腾出空间。

幸运的是，因为已经记录了整个干预设计过程的流程，所以我们可以追本溯源，寻找发生的变化。如果我们正在实施的干预措施突然失效，这是个好信号，表明影响因素已经发生改变，需要从这里重新开始。只有采取措施检测变化，才能让干预设计过程保持弹性和灵活性。

持续监控是一种验证方法，没有太多的新过程需要记录，但要记住一点：确保持续监控在情况有变时发出警告信息。有一个控制面板不代表在实施连续监控，只有当有人去检查结果，监控变化时，才是真正的监控。同样，你也不想因为缺乏连续监测而在干预设计过程中浪费时间吧？想一想，如果有正确的方法测量目标行为，但却没人关注测量结果，你会有什么感觉？

总而言之，在公司的发展过程中，要经常检查干预设计过程在不同时间的具体情况。你现在已经进行了一个或多个规模干预，并改变了很多行为，因此需要暂停休息一会儿。记住，人需要保持心理距离来改善事物，所以你可以让干预措施规模试验继续，暂时去研究点儿其他的事情。

在《广告狂人》的世界里，决定要改变什么与干预效果无关，与干预的目标行为也不相关。那些白人拥有雄厚的内部政治资本，擅长华而不实的演讲，向那些随时准备相信他们的领导兜售自己的想法——确认偏见在领导们的老男孩俱乐部里非常流行。这种纸上谈兵看上去很美好，对公司肯定也有益，但前提是公司没有衡量好坏的标尺，且总是行好运。这样的电视剧明明空无一物，却伪装成对精英智慧的体现，而我们都在为此付出代价。

让我们回到本书提出的反事实世界。干预设计过程是通向这个世界的路径，我们进行研究和开展预试验与测验，不是为了竞争，而是因为我们的立场相同。我们遵循基本的原则，将所有的数据收集过程和对目标行为的测量过程都记录在案；开会时我们关注的是基于投入和期望的产出，以及不同的干预措施的效果如何。这是一个共同权衡利弊的过程，而不是为了向同伴兜售自己的观点。

现在你可以选择你想生活在哪个世界。这是一种全新的商业模式，你需要自己决定是否采取这种模式。在这种模式中，你可以把行为作为整个过程的核心，优先考虑改变行为的干预措施，从期待的结果出发采取措施。

第 8 章

从结果开始

我真想在上一章就宣告本书到此结束。看，这个主意多棒：这令人愉悦的七万多字生动地传达了行为改变的主旨，读完这本小书，聪明的你就能像书名所言：让你的产品改变人们的行为！一切进展顺利！

但这太不现实了。以我本人为例，我在此领域进行大规模研究的时间比任何人都长，我有世界上最优秀的从事内在行为科学研究的团队，有强大的管理层给予支持，有优秀的运营伙伴进行预试验和测试，但即便如此，我也不能像上面所说的那样顺利实现行为的改变。事实上，让行为改变是艰难的，因为我们的组织很复杂，我们试图改变的群体也很复杂。但这不是不去做这件事的理由。

你们之中的一些人应该已经明白我的观点了。你在看完这本书后，会有与以往不同的做事方式。你会成为地铁上那个琢磨着如何劝导所有乘客给老人让座的人，你会在心里权衡各种可能说服人们让座的影响因素，并开始琢磨对促进人们让座可采取的干预措施。你将正式地或非正式地开始改变你所在的企业的文化，验证你的某些设想；你开始寻找像你一样的人，让他们各司其职，并倡导多元化，从而顺利推进干预设计过程。

我想对你说，开始行动吧，多多益善。还记得本书开头的那句话吗？“生活赋予人们的最好的奖赏无疑是让人们有机会为值得的事业而努力。”西奥多·罗斯福是对一群农夫说出这番话的，他完全没有意识到我们这种工作狂有任何崇高之处。不过罗斯福的这句话并没有错，无数的科学研究已经证明了工作的意义。罗斯福的妻子去世后，是工作拯救了他。也许努力改变行为也会拯救你，反正它确实拯救了我！

将这本书分享给其他人吧，开始你自己的干预设计过程，并提醒众人：如果科学是方法，那么行为就是结果，大家都是行为科学家。如果你需要帮助，你可以给我发邮件（我的邮箱是 matt@mattwallaert.com），看看我们能一起做些什么，因为我有时间帮助那些愿意让事情变得更好的人。对了，我的个人网页上还有个链接可以让你预约和我进行电话交流。我当然不会收费的。伙计，记着：我对干预设计过程如皈依者般狂热。我不会收取任何谈话费、咨询费或倾听费用，原因很简单：能正确进行干预设计过程，世界就会变得更美好。我希望你也相信这一点。

聪明的你肯定注意到了这本书后面还有很多页内容。我在书里提供了很多让你慢慢学习消化的内容。后面的章节主要介绍了行为改变的案例，并对促成行为改变的因素进行了深入探讨，此外，还有对你在改变行为的过程中碰到的困难的思考。不要觉得有压力，你不一定非要继续读下去。如果你能坚持读到这里，这说明你已经了解得足够多了，可以开始将书里的内容付诸实践了。

我知道只有一部分人会采取行动，因为每次在我讲完干预设计过程后，总会有人来告诉我他们多么喜欢干预设计过程，但为什么干预设计过程在他们的组织里永远行不通：缺少管理层的支持，缺少资源，不适合进行干预设计过程的人太多，适合的人太少。听完这些话，我心怀同情，这些都是妨碍人们采取行动的强大因素，它们使人们不愿付出持续的努力来实现改变。

这就是你需要这本书的原因。整体上，这本书的大部分内容都在讨论如何改变行为，内容中的理论适用于客户、用户、会员等任何你们公司之外的人员。但是请记住，我的干预设计过程不仅适用于公司外部人员，还可以广泛用于公司内部，因为不管在什么环境下，都一定会有人存在。这意味着，如果你明白了这一点，并且愿意从设定的结果开始，你就可以像改变你的用户的行为一样改变你的公司的行为，因为你的公司是由人构成的，而你知道如何改变人的行为。

哪里有困难，就从哪里开始。找出你认为阻碍你实施干预设计过程的组织行为，起草一则目标行为陈述；深入分析并进行验证，探索其中的促进压力和抑制压力，并设计干预，然后进行预试验、预试验、预试验，重要的事情说三遍。

如果你操作得当，你会感觉到这种变化的。在一种“不求完美，只求速度”的文化中，你刚开始的进展会慢一些，但记住衡量成功的唯一标准是行为改变，而不是速度。因为你每走一步都在验证，都在学习。缓慢意味着平稳，平稳才能带来速度。当其他公司还在努力为产品寻找合适的市场的时候，你已经开始让公司走向组织有序的、有条不紊的进程了。

科学源于生活。经过精心策划，任何事情都有可能发生改变。现在，你读了这本书，就知道了应该如何系统地推进行为改变。因此，不要再找借口，说某种行为无法改变，因为只要有足够的时间和资源，一切都可以改变。

每个人都具有能力，虽然能力的强弱存在不同，但是每个人在一定程度上都会对他人产生影响。即使一开始你只能改变一个人的行为，即使那个人就是你自己，但是，“我把这当作挑战，而我绝不会失败”。

看，我引用了皇后乐队（Queen）的《我们是冠军》(*We Are the Champions*) 这首歌的一句铿锵有力的歌词。现在我可以放下麦克风了。

2

高级行为改变

第 9 章

角色启动、角色调整和角色介入

如果有个影响力号称“魔界之王”，那么这个影响力就非“身份”莫属了。(可能我就是索伦[①]？）在满足对食物和住所的基本需求后，最耗费资源和精力的是与身份相关的消费（但是依据美国消费贷款总额，这样说或许也不对)。我们无止境地消耗着和身份有关的产品，例如时尚、音乐、各类活动等。社交媒体几乎将一切都与身份关联起来，这更加剧了这种消耗。食物“给身体提供能量”的这一角色已经不再重要，复杂多元地表达“你是谁”变得更重要。

这一现象不只出现在高度工业化的国家，发展中国家的可支配收入也一直在增长。(谢天谢地！）当简单的生计需求

① 索伦（Sauron）是英国奇幻小说《魔戒》中的一个人物，自称“魔王”。——译者注

被满足后，与身份有关的消费会相应地增加。事实上，在未来几年，发展中国家与身份相关的产品的销售很可能会成为已有品牌和未来新品牌的一个重要的增长机会。

2 200亿美元的广告费主要用于聚焦身份，这并不是一个偶然。很少有广告只宣传产品的特性，大部分广告都努力将人们对产品的认识与自我认识联系起来。很明显，这是可行的。广告公司并不愚蠢，这些广告已成为很好的创造新的压力影响因素的杠杆。

但是这些广告主要以暴力宣传为主，是由最缺乏创意的媒体进行的单独的干预。身份认同只有和其他干预措施结合，而不是被分离，才能事半功倍。几乎所有非常成功的干预措施都很好地利用了身份这一压力影响因素。

与身份相关的研究数不胜数，因此，我们有必要对其进行一些简化以便于理解。身份研究很难，因此与身份相关的理论充满了争议。我下面会说一些学界很难认可的观点（或者说更有可能会吃学界闭门羹的观点）。记住，我们的主要目标是改变行为，只要用于阐释身份的框架能帮助我们改变行为就行。否则，我即使写上一整本书也无法详尽说明身份这个主题。那我只好写第二本书了！（我只是开个玩笑，我不会再写第二本书，也请不要再让我写这样的书了。）

身份是最强的压力影响因素，也是最需要小心处理的因素。我已经用了一个章节的内容详尽地论述了伦理道德及相关问题，在此不再赘述，但是你在关注人们如何看待自己和他人时，要有道德感和责任感。这并不是说不能使用身份这一因素，当然，完全不涉及身份这一因素也是不可能的，因为我们所做的事或多或少都和身份认同相关。研究身份就像开车，人在一生中会开很多次车，如果采用自动驾驶就更有可能出交通事故，所以要系好安全带，检查好后视镜。

当我问人们关于身份的问题时，他们总是会说自己承担的角色——“我是一个爸爸”“我是一个行为科学家”“我是一个乡村男孩”。每个人都有很多角色，这些角色具有内部一致性。人总是会有意识地或者无意识地转换身份以适应所处的环境，这种转换会带来行为的改变，因为身份可以灵活转换，所以可以根据需要创造压力影响因素来转换身份。

行为科学家要以多元视角看问题，把惠特曼[①]精神刻到骨子里（把他的下面这句诗写到墙上）。

> 我自相矛盾吗？
> 是的，我自相矛盾。
> （我很强大，我能接纳多种相互冲突的观点。）

我们的目标不是给一个人套一个固定角色，而是通过他们的行为所展示的身份的复杂性，得到我们想要的行为。

---

① 沃尔特·惠特曼（Walt Whitman），美国著名诗人、人文主义者，创造了诗歌的自由体，代表作品为诗集《草叶集》。——编者注

如何做到这一点呢？首先，要区分行为角色和心理角色[①]。心理角色最容易引起确认偏见，因为我们往往会按照自己的想象建构一个角色，并赋予该角色各种特征，以适应我们进行的干预。“心理角色”这个词只适合出现在《广告狂人》里。我们要精确地辨认和验证压力因素，这样就不需要心理角色了，因为决定行为的是真实性格，对真实性格的验证比想象更可靠。

我们可以把身份分层，位于顶端的是角色，它在这里不是指角色本身，而是指角色体现的一整套价值观，这些价值观通过实际行为得到表达，身份实际上就是我们对自己和对他人说的一句话：“我是个有（价值或行为）的人。”当我说“我是一个乡村男孩”时，这实际上体现的是我交往的圈子，以及一般所谓的“圈内”人士所奉行的一套行为体系和价值观。这套行为体系和价值观可以包括肯定（乡村男孩听约翰尼·卡什[②]的歌，穿牛仔靴，崇尚简朴生活）和否定（乡村男孩不听古典音乐，不穿西装，不喜欢胡说八道）两个方面。

正如你所料，还有“圈外”——我特别喜欢从圈外角度定义自己。圈外并不是圈内的直接对立面。我不会说我是

---

① 行为角色指人用行为展示的角色，心理角色指人在心理上认为自己应当是什么角色。例如，一个带孩子的母亲通过照顾孩子的行为展示了她作为母亲的行为角色，而她内心仍然认为自己是少女，这属于心理角色。——译者注

② 约翰尼·卡什（Johnny Cash）是美国乡村音乐创作型歌手，被称为当代美国“草根精神”的奠基者之一。——译者注

年轻女孩俱乐部的成员，当然我也坚决反对自己被归为老男人俱乐部的成员，因为这会改变我的行为特征。当我说“我不是老男人俱乐部的成员”时，我既指这个俱乐部肯定的东西：老男人俱乐部成员喜欢计算净收益，而我不喜欢；也指他们否定的东西：老男人俱乐部成员不喜欢野营，但是我喜欢。

这样就有了一个二乘二的矩阵（社会心理学太迷人了）：圈内肯定，圈内否定，圈外肯定，圈外否定。你实际上已经知道这些“圈内”“圈外”指什么了，它们只是促进压力和抑制压力在身份认同方面的表达形式。

圈内肯定是一个促进压力（一个穿牛仔靴的理由），圈内否定是一个抑制压力（一个不胡说八道的理由）。反之，圈外肯定是一个抑制压力（一个不追求净收益的理由），圈外否定是一个促进压力（一个喜欢野营的理由）。

这个矩阵让身份更容易适应干预设计过程。在收集分析资料时，应询问会员的圈内角色和圈外角色。依据这些角色的价值观和具体行为，你就可以找到相应的压力因素了。

价值观很重要，它们能改变压力产生的结果，这也解释了为什么会有那么多非理性压力存在。例如，成本经常是抑制压力，但是如果价值观是要展示奢侈，成本就成了促进压力，不过它对圈外人士来说依然是抑制压力。价值观就像有色眼镜，会改变人们对颜色的视觉感知。

我们往往会依据人们的行为角色判断他们所属的类型：

如果某人属于X类别，那么他就具备Y特征。这是不对的，因为角色本身就具有复杂性和灵活性：很多乡村男孩并不穿牛仔靴，而且乡村男孩和牛仔的区别是什么？

这并不意味着身份不起作用。记住，我们只是要改变行为，我们从不期望每个人在面对同样的压力影响因素时会采取同样的行为。身份在不同的环境中会表现不同的相关性：教徒身份与周末活动安排更相关，性别与穿衣选择更相关。一个人的教徒身份和性别与其行为在不同环境中的相关性的大小，最终决定了压力的强弱，因为相关性也不是固定不变的，教徒身份在教堂里会显得更重要，但是在工作中就没那么重要了。

这就有了第一个干预方法。如果一个角色和要改变的行为紧密相连，就可以直接使用圈内和圈外方法。因为相关性很强，所以一旦确定身份就能带来行为改变，圈内 / 圈外与肯定 / 否定就可以决定行为的方向，而相关性则决定行为改变的程度。

了解他人身份最常用的技巧是通过“启动法”进行身份探索。人们会有意或无意地将一些行为和身份特征联系起来，我们可以利用行为和身份之间的直接联系改变人们的行为。在实验室里，启动法就是问一些简单的问题让回答者思考自己的身份，例如，你和什么性别的人交往？为什么？你是如何看待你是女性这一事实的？有时人们会喜欢更微妙的启动方式，例如一张女生联谊会的招聘海报或仅限女性参加的活动邀请。

我最喜欢的一项研究恰好说明了为什么这种干预没有听起来那么有效。这项研究[15]本身很简单：邀请亚洲女性到实验室，问她们一些关于亚洲人的种族特征或女性的性别特征的问题，然后让她们做数学测试题。当强调她们是亚洲人时，她们得分较高；当强调她们是女性时，她们得分较低，这和人们对亚洲人和女性的刻板印象一致。

问题是，这样的研究很难复制，研究者采用了相同的设计，但越来越多的实验结果与预期不符，因为角色（女性、亚洲人）和行为（擅长数学）之间的联系不具有普遍性。只有当目标行为和人们自愿表达的确切身份存在直接而清晰的关联时，启动法才会奏效。从最初的研究到此书出版的20年里，我们一直都在与“女人不擅长数学”“亚洲人天生擅长数学”这两种刻板印象做斗争，我们虽然还没能完全获胜，但是已经改变了很多人的观点了。因为那种关联变弱了，所以启动法就不再起作用了。

这并不是说启动法一般无效，如果角色和行为之间的关联很强，它就会起作用。但是，当一个角色和你想改变的行为之间没有清晰而强大的联系时，你该怎么做？答案很简单：创造一个。适度的“角色调节”及“角色介入”，这两种干预策略可以用来弥补启动法的不足。因为如果启动法只有在身份和行为之间有很强的关联时才能更好地起作用，那么可以通过进行角色调节改变联系的强度，通过进行角色介入创建一个以前不存在的联系。

对于角色调节，可以使用宝洁旗下的卫生巾品牌 Always 最近开展的“#LikeAGirl”[1] 营销活动来解释。最初，广告邀请成年女模特参与拍摄，要求她们按照提示进行表演。“像个女孩一样跑!”导演说。于是，模特们双臂紧贴腰部，做出了可笑的跑步动作。“像个女孩一样战斗!”“像个女孩一样扔东西!”导演甚至邀请了一名成年男子和一个年轻男孩参加这个表演，结果一样，他们都显得十分拘谨忸怩。

这则广告展示了青少年女孩在相同提示下的反应。她们只是跑了起来，像个女孩一样。因为她们本身就是女孩，那条指示仅仅意味着要求她们以正常的方式跑步，像其他同龄人一样跑，不分性别。这则广告以一个年龄更小的女孩结束，她紧张地对着镜头不停地眨眼睛。导演问她：“当我说‘像个女孩一样跑’时，这对你意味着什么?”女孩挺直身子说：“这意味着跑，跑得越快越好。”

我每次看到这则广告都会流泪。

从适度调节的角度来说，“女孩”这一身份和“跑步糟糕”之间存在联系。为了改变行为，需要弱化这种联系。这不是启动法，因为启动法影响的是身份的显著性，而这是改变身份和行为之间的联系强度的另一种干预方法。导演在这

---

① 宝洁旗下的卫生巾品牌 Always 拍摄了一则冲破针对年轻女性的刻板印象的广告“#LikeAGirl”（像个女孩），这次广告宣传取得了巨大的成功。——译者注

则广告里很好地做到了这一点，请成年女性模特谈论她们刚刚的表现及该行为产生的青春期根源，这次谈话就是调节干预。谈话之后，当再次被邀请拍摄“像女孩一样跑步”时，因为“女孩”这一身份和“跑步糟糕”之间的联系被大大削弱了，她们自信地迈开了步子。简而言之，这就是适度的身份调节：进行干预，加强或削弱角色和行为之间的联系，从而改变行为。

为了解释身份介入是如何起作用的，我来讲一个关于我母亲的故事。我的母亲是一个非常善良的人，也是一个坚强的农村妇女。她心胸开阔，信念坚定，不轻易生气或激动。但是当我还是个孩子的时候，我的一个想改变她行为的干预会让她大声尖叫：教她使用电脑。不管我采用什么方法，每次都以她的尖叫告终，最后，哪怕我只是暗示她坐在电脑旁，她都会赶紧避开我。

我的母亲既是一个农村妇女，也是一名职业护士。她先在医院做注册护士，然后当了临床护士培训师。几年前，她退休了（很快又去工作了，开始教护理）。她的最后一份工作是教护理信息学。她在这个岗位上差不多教了 10 年。这可是一门要求护士熟练使用电脑来进行信息处理的课程。

天哪！这真令人难以置信！

在我的青少年时期，母亲一直对电子产品心生畏惧，只要见到电子产品就会躲避，她这近 10 年是如何和电脑度过的呢？真是太不可思议了，但是你只要从身份的角度来看，就很容易明白了。

在20世纪90年代初的俄勒冈州农村，使用电脑与我母亲的身份完全不符。在她成长的年代，女性、没有大学学位的人及任何生活在偏远地区的人都对技术充满敌意。所有相关圈内特征都是抑制压力，它们扼杀了行为，以至于没人愿意使用电脑。母亲把自己定义为不懂电脑的人，她是乔·沃拉尔特①，她不可能会用电脑。

这不仅仅是一个故事，也不仅仅与抑制压力有关。我是一个热爱电脑的年轻人。父母为了给我们买第一台电脑努力存钱，绝对没有钱请奇客电脑特工②（当时根本没有奇客电脑特工，即使有，他们也不会开车来我们居住的偏远小山村），所以我只能反复用软盘安装Windows 3.1。我们家除了第一台电脑是我父母购买的，在那之后的每一台电脑都是我自己组装的。自己定制，选择电源，调节适配性，权衡实用性，等等，我非常珍惜这一切。

这就是问题所在。那时的我年轻且充满阳刚之气，但对我的母亲来说，所有与此紧密相连的强大促进压力根本不存在。这不仅仅是因为她的身份这一抑制压力，也是因为我强调的身份促进特征与她无关。我犯下了行为改变的最大过

① 乔·沃拉尔特（Jo Wallaert）是本书作者的母亲的名字。——译者注

② 奇客电脑特工（Geek Squad）是罗伯特·斯蒂芬斯（Robert Stephens）于1994年6月16日创立的一家独立公司，为住宅和商业客户提供各种与计算机有关的服务和配件。——译者注

错：以我自己的身份作为主导，而没有关注我的研究对象。

我没能改变她，但她的工作改变了她。首先，角色发生了调整：抑制压力在逐渐减少，电脑在医院变得越来越普遍，城里的大学毕业生能用电脑，每个人都能用电脑。身份和使用电脑这一行为之间的负面联系有所松动，这让我的母亲更容易理解电脑。

其次是角色介入，即在角色和行为之间找到一个连接点，来创造一个全新的行为激励。在我看来，这个中介的连接点就是一个简单的价值观：关怀。医院开始使用电脑调节以病人为中心的护理，包括病人的照片、健康改善的数据，以及如何使用电脑救人的各种故事。这是一个全新的明确关联：电脑等于关怀。

这不是启动法，医院没有提醒我母亲她是一名护士、母亲或妇女，因为她本来就具有这些身份。这里也没使用身份调整，医院并没有提醒她这些身份都要有关怀的价值观。身份介入建立了使用电脑（行为）和关怀（价值）之间的联系，她先前的角色已经具有关怀的价值观，因而就产生了使用电脑的行为。

角色介入为角色调整创造了机会，角色调整也为角色启动创造了机会。如果存在关联，你就可以加强它，激活它。当你做对了的时候，你就改变了行为。通过将使用电脑与护理联系起来，我母亲改变了关于电脑的行为，因此她转到了信息学领域，并改变了她的人生历程。这样的工作是值得的。

第 10 章

优化认知

时间、金钱和其他有限资源都是塑造我们的行为的强大影响因素，但它们都不具有认知注意力那样普遍的影响力。大脑就像一个饼状图，它会以收缩和扩大的方式来显示脑袋的智力总量。我不了解你的情况，但我的“脑饼图”肯定是越来越小了。我在写这本书的时候 36 岁了，睡眠比以前更少，压力比以前更大，缺乏锻炼，食欲也大不如前，这些都在减少我的整体认知能力。我不断缩小的“脑饼图”还面临着新的挑战：照顾贝尔，开拓事业，面对日渐衰弱的身体，以及应对一个每天都要做更多事情的世界。

这就是为什么大脑是不愿意耗费精力的吝啬鬼：它要保存你的智力资源，所以它依赖于来自周围环境的偏见、启发和暗示。这些环境因素累积得越多，大脑对环境的依赖就越明显。将世界简化成一种资源很重要，这是因为它揭示了一个非常基本的事实：一切事物都是相互竞争的。因此，想一想前面提到的耗资 2 200 亿美元的广告：如果我们只专注于促进压力，使用我们能找到的效率最低的工具——广告，行为改变就会演变成一场核军备竞赛，大家拼命砸最多的钱，吆喝得最响亮，只为了在一个不断缩小的市场中获取最大的份额。

以脸书的产品设计为例。多年来，脸书一直致力于获得更多关注度（依据某些糟糕的数据指标，例如用户在线时长）。尽管人们频繁使用脸书有损他们的健康，但脸书还是不停地添加一个又一个新功能，以博得用户更多的关注，从而在全球社交网络中争夺认知资源。

如果脸书反其道而行呢？它的行为陈述中的动机可以是：与他人保持联系。如果以关注度作为联系的衡量标准，按照脸书以往的策略，这就是让用户在其网站消耗更多的时间以与他人保持紧密联系。但是脸书也可以降低认知消耗，而让用户拥有和过去一样的密切联系度。这样不是更好吗？

这取决于一个人想从脸书上得到什么，也是本章深入探讨的关键所在。尽管我非常喜欢抑制压力，但是我们的目标不是将所有行为的认知消耗降至零，相反，我们想要的是把大部分精力投入我们最在意的事，花尽可能少的精力在我们不在意的事情上。这对容量有限的大脑来说是一种认知上的最佳选择：我们所需的认知是可以给我们带来快乐的，而非让我们疲惫不堪的。

比如，优步解决了出行的抑制压力。如果你想消耗最少的认知从 A 地到达 B 地，优步就是个不错的选择，因为优步减少了出行的抑制压力，让乘客在认知上感到轻松。优步不仅使用起来比较简易，而且为你提供了出行路线，为你排忧解难。一旦不再关注这些出行负担，你就可能意识不到这些负担的存在。但如果你所去的城市里没有优步，当你要离开机场前往宾馆时，你心里会感觉不踏实：我怎样才能去宾馆？而且，我要去的宾馆到底在哪里？

但是，每年都有数百万辆汽车售出。为什么呢？因为有些人喜欢汽车，并愿意为开车付出认知成本——开车需要集中注意力。我对 20 世纪 60 年代初带有“自杀式”车门的亚光黑色林肯大陆轿车有特殊的偏好，这表明在某种情况下，我也可能成为一个买车者。我们都想在某些事情上消耗自己的注意力或认知，行为科学家的任务是创造一些产品和服务，让人们在这些产品和服务上想耗费多少注意力就耗费多少。

为了实现这一点，我们需要确定引导人们注意力的方法及将其引导至何处，这需要较高的洞察力和行为分析能力。从量上来说，我们无法洞悉人们的思维（目前还做不到这一点，我相信很多技术大师都在致力于此研究），但是我们可以知道人们会在哪里消耗他们的时间、金钱及其他有限资源；当资源被限制时，哪些行为消失得最快。从质上来说，我们可以就人们的认知过程提出疑问：你们做了什么样的权衡？你们愿意在哪里花更多时间？对他们的回答我们要持半信半疑的态度，正如社会心理学家蒂姆·威尔逊（借用尼采的话）所说的：我们并不了解自己，是自己的陌生人，因为我们的潜意识很忙碌，而掌管意识的那部分大脑则在从无数的偏见中过滤感知。

当我们找寻人们把认知精力花在哪里时，我们需要进行具体的区分。想花精力买衣服和花精力挑衣服或向他人炫耀衣服是有区别的。想想 Blue Apron① 的兴起和衰落，它让投资者相信，对于那些不想花精力做饭的人来说，Blue Apron 可以让做饭变得容易，但实际上它让做饭变得很麻烦。阅读 Blue Apron 的食谱就像看《大厨断头台》②：它使用了我从未听说的技术。Blue Apron 想让选择配料和食谱变得容易，这是一个崇高的追求，但它的目标客户群非常小，它只适合那些想把精力花在烹饪本身的人。这完全不像价值十亿美元的业务，或者至少不是它本来想推出的产品概念。

更糟糕的是，目前还不清楚选择配料和食谱是不是烹饪乐趣的一部分——不是说选择本身是令人愉快的（对我来说，比起烹饪食物，我更喜欢挑选食物，从世界上的生鲜市场的数量来看，我并非个例），而是说为选择花费心思也是

① Blue Apron（蓝色围裙）是美国最大的食材配送公司，可将客户一周的用于烹饪一日三餐的所有新鲜食材随食谱自动配送到家。——译者注

② 《大厨断头台》（*Chopped*）是一部关于烹饪的电视剧，剧情围绕四个厨师共同竞争一千美元展开。——译者注

一种乐趣。在心理学中有个玩笑：努力能带给人快乐是因为最终可以不再努力。我们的大脑认为，因为花了太多的注意力在某些事上，所以这些值得我们花费如此大量的精力的事一定很重要。因此，当人们不加选择地去掉某种认知支出时，这样可能会减少后续行为所带来的乐趣，从而降低人们做这件事的可能性。

详尽了解人们想和不想消耗注意力去做的事情，有利于避免 Blue Apron 所碰到的问题。我们也可以专注研究人们喜爱的事物的特征——哪些特征让人们愿意支出更多认知，哪些特征让人们支出更少认知（这也有助于找到可能的干预措施）。以自动化和策展[①]为例。我并不是特别喜欢购买衣服或挑选衣服，所以只要基本的促进压力够大，我的行为主要取决于抑制压力的减少。因此，自动化对我来说很重要。事实上，我每个工作日都会穿同样的衣服［尺码为 40R（R 表示 Regular，即正常尺码）的约翰·瓦维托斯[②]运动夹克、诺德斯特龙[③]贴身衬衫、约翰·瓦维托斯牛仔裤、棕色或黑色艾

① 策展即策划、筛选并展示。策展源自西方艺术发展史中的策展人（英文为 curator）。策展人又分为常设策展人、独立策展人或独立策划人。常设策展人是指博物馆、艺术馆、美术馆等非营利机构常设的展览活动组织人员，而独立策展人或独立策划人是相对于常设策展人而言的活动组织人员。——译者注

② 约翰·瓦维托斯（John Varvatos），美国著名男装品牌，注重简约质感与精致搭配。——译者注

③ 诺德斯特龙（Nordstrom）是美国的一家高档连锁时尚百货店。——译者注

瑞特[1]牛仔靴]，我在易贝（eBay）上建立了一个选择清单，它可以在一定价格范围内自动购买我的衣服，这将我对买衣服的认知支出降至接近零。

这样，我可以在电脑上花费更多的精力。我组装了自己的每一台电脑（除了第一台电脑），我喜欢花时间思考每一个电脑组件，阅读评论，以最优惠的价格购买。我永远不会将这部分内容自动化，相反，我会寻求策展。我会花更多时间思考自己喜欢的东西，并对它们做深入的内容和特色分析。构思一台虚拟配置器——它可以让你估计一台机器的总计算能力，或者采访著名的系统构建者，这些对像我这样的人来说都是具有很强吸引力的策展经历。

在世界上的某个地方（在皎洁的月光下）有和我完全相反的人。他们希望最大限度地减少自己花在电脑上的精力，喜欢每两年换一台叫不出牌子的新电脑。但是他们在买什么衣服、搭配与穿着上很讲究，所以他们永远不会自动化他们的购衣行为，并且会无休止地在照片墙[2]上看看当下流行什么衣服。我们为之耗费精力的东西构成了我们身份的很大一部分（比如，“我是那种花时间找最好的电脑组件的人”），由此可知，身份是一种多么强大的压力因素。

另一个认知支出是人在选择时的关注重点。想象一下，

---

① 艾瑞特（Ariat），美国著名鞋类品牌。——译者注

② 照片墙（Instagram）是一款移动端社交应用，允许用户在任何环境下抓拍自己的生活记忆，选择图片的滤镜样式并一键分享。——译者注

这个世界上的一切都有一个秘密且客观的质量值。A 书是 8，B 书是 7，C 书是 5。满意意味着找到了足够好的东西。你心里有一个最小值——假设这个值是 7——并且你认为高于这个值的任何书都是一样的。如果你先看 C 书，它不符合你心里的最小值，你会接着寻找，直到你找到 A 书或 B 书。如果你先找到 A 书或 B 书，你就会把它买下来。这在认知上是非常有效的，但同时也意味着你没有得到最好的。

相比之下，最大化就是找到最好的或者尽可能接近最好的。如果你先找到 B 书或 C 书，那么你要一直找，直到找到 A 书。即使你找到了 A 书，你也必须去查从 D 到 Z 的书，因为可能存在更合适的 I 书或 J 书。最大化需要巨大的认知投入，但是通过这样做，你更有可能得到最好的。

在一个完美的世界里，对于我们不太关注的事情，大脑会让我们感觉基本满意即可，但对于我们非常在意的事情，我们会期望获得最大化的满意程度。不幸的是，世界并非总是完美的，强迫人们采取他们感觉不自然的策略是相当困难的。对于自动化和策展，我们可以建立干预措施应对这些认知模式。例如，对于热衷购物者，在为他们提供选择时要尽可能地减少同类产品，多提供不同类型的产品，这对那些追求最大化满意程度的购物者会产生极大的影响，因为这简化了他们对最佳产品的选择过程。

在分析一个群体的认知偏好时，如果你想深入洞悉人们愿意在哪方面花费精力，那么你可能需要将这个群体分成两组或更多组。这正是细致深入的研究过程的意义所在。干预设计过程的价值在于，它能将我们的产品和服务分解为更小的干预措施，以便依据人群的具体情况进行更个性化的应用。自动化和策展的区别实际上只有一个：人们愿意在产品选择上花费多少认知资源。这两者在其他方面不存在差异。

想象一下，假设我们明天将接管 Blue Apron。我们知道，它目前是为那些想把注意力放在烹饪上而不是食谱或配料上的人设计的。我们也知道，更多人只想把他们的注意力花在吃饭上。为了挖掘出更多的新人群，我们就得抛弃现有人群吗？也许吧，但这是一个错误的二分法。我们可以简单地再创造另一个品牌——“Green Spatula”（绿色锅铲），并采用更容易烹饪的食谱。食谱会使用相同的配料，会产生相同的结果，只是味道稍差，这样你就用不上真空密封盒了。

经营 Blue Apron 99% 的难点在于，减少对选择配料和食谱的认知支出，并由此找到相应的干预措施和系统：批量采购，分成小份，组合包装成件，保证新鲜。正如公司里的任何人都会告诉你的那样，做出正确的选择是很困难的，相比之下，为一个想要简化选择的人设计第二种选择容易得多。大量的公司可以按此方法进行相对较小的干预，设计第二种选择，以大幅扩大市场。但是，只有当我们十分确定人们想在哪里花费认知资源，并根据这些见解进行干预时，我们才能做到这一点。

除了考虑人群的认知偏好和习惯，还应该考虑期望行为发生的认知环境，因为认知环境可以改变压力因素，进而改变干预。在拥挤的酒吧里做出的选择不同于在安静的办公室里做出的选择。你的目标人群是疲惫不堪的还是精力充沛的？是喝醉了的还是清醒的？是饥饿的还是已经吃饱了？这些都对他们的可支配认知资源及他们的行为方式有影响。

回想一下我在本书的序言部分提到的麦克唐纳论文[16]：酒精损害认知，导致人们仅关注环境中的显著（实际上就是“明显的”）线索。一般规则是：可用的认知资源越少，你的大脑就越依赖环境中的偏见、启发和显著线索。这为行为改变开辟了新的可能。

想想默认的情况。因为大脑很忙，所以它通常会接受默认选择，即使是对我们通常认为很重要的决定来说也是如此。典型的例子是器官捐赠。在德国，人们默认的选择是在死亡时不捐赠器官，所以只有 12% 的人选择捐赠，但在德国的邻国奥地利，默认的选择是在死亡时可捐赠器官，所以器官捐赠率是 99.98%。[17] 但是如果你增加压力呢？认知负荷越大，人们就越有可能做出默认的选择，所以要么利用本来存在的认知负荷大的环境，要么创建一个认知负荷大的环境作为干预的一部分，然后提供强势的默认选择，这样的干预会导致显著的行为改变。增加认知负荷，并使用强势的、显著的线索吸引注意力，它们的作用也正在于此。

相反，降低环境对认知造成的负荷也能改变行为，这让人们有时间寻找更合理的方法。美国如此直观地展示了这一点：对一时冲动（大脑负荷过重时）犯下的谋杀的惩罚比对有预谋（有更多时间清晰思考不同的选择时）的谋杀的惩罚轻。减轻认知负担是对现有干预的有力补充，因为经过深思熟虑的选择会带来被期望的行为。

有时干预本身也能产生认知支出。例如，为了节省脑力，大脑天生注重新的刺激，而忽略重复的刺激。让一个行为变得比较新奇可以显著改变人们对它的反应，也能带来额外的效力。

为了避免没完没了地阐述认知这一内容，我这章的写作要到此为止了。总而言之，明确你的目标人群想或者不想在何处消耗他们的认知注意力，考虑他们的认知习惯和你的干预认知环境，灵活运用你的头脑。就这样！

第 11 章

独特性和归属感

人人都有烦心事，都因拥有复杂的大脑而感到疲惫。我们都属于金发姑娘[①]那一类型——在满足简单生存的需求之外，内心还有很多其他的欲望此起彼伏，相互竞争，我们总是努力地想要维持它们的平衡。而且我们既想脱颖而出，又想融入群体，没有比这更矛盾的想法了。

如果我们觉得自己与他人没什么不同，我们就会感到沮丧，但如果我们觉得自己不合群，我们也会感到沮丧。我称这类想法为“暴风雪中的一片雪花”问题：既想保持一片雪

---

① 金发姑娘（Goldilocks）是美国传统的童话角色。迷路了的金发姑娘未经允许闯入三只熊的房子，她尝了三碗粥，试坐了三把椅子，躺了三张床，最后选择喝了最可口的那碗粥，坐了坐最舒服的椅子，在最适合她的床上睡着了。——编者注

花的独特性，又想成为暴风雪的一分子，其原因不言而喻。解决这一问题会消耗相当多的精力，同时会引发一系列无穷无尽的行为。我们既需要归属感，又需要独特性，而我们身处的世界时刻都会对我们的这两种需求产生威胁，所以我们总是在这两种需求间徘徊不定，一旦某种需求上升，我们就要投入精力应对，以求达到两者在内心的平衡。这种持续的需求是产生干预的沃土，要学会将独特性和归属感作为设计行为改变的关键。接下来我将以网页登录为例进行说明。

当你登录某一网页时，其右上角通常会显示什么？会显示你的用户名："你好，马特！"这种效果让用户眼前一亮，因为名字是世界上最能体现我们个性的一个重要符号。你可以上传自己的照片（即使该网站与你的照片毫无关系），并且该照片除了被用来辨认你，别无他用。当然，没有人会说他登录某个网站只是为了看看他自己的用户名与照片，这也太无聊了。不过，添加用户名与照片的确也增加了登录量，这种方式也值得推崇。干预措施不一定要合理或是某种我们认可的东西，只要它们能发挥作用就行。

归属感是我们所需的，你在网页左下角能看到什么？感谢脸书社交服务平台（Facebook Connect）这一功能，浏览器中的网络信息包（cookie）会告诉你有 15 万人喜欢这个平台，其中有 500 人是你的好友。由此可见，整个平台上用户间的关系是多么紧密！这些关系也体现了用户们的共同爱好。与名字和照片一样，没人会说他们登录某一网站只是为了看看有多少好友也喜欢这个网站。脸书、潘多拉等网络社交平台都会呈现在整体上或在网上有多少人喜欢某物，这已成了一种标准。

要想与众不同，那就进行私人定制；要想增强归属感，那就共享私人定制（这样能让你博得他人的关注，没有比别人对你的分享沉默不言更让人感到归属危机的了）。干预并非深入才有效，可口可乐与其瓶罐上的文字就是一种醒目而独特的视觉冲击。独特性和归属感这两种压力能被应用于每一次干预。我们要时时自问该如何将这两种压力融合运用。

我们在每种场合都在寻求这两者之间的平衡。而在全球范围内，人们往往更注重其中一方。有时你可以问问自己，那些内在需求不平衡的人会对干预行为做何反应。我最喜欢黑泽尔·马库斯（Hazel Markus）和她斯坦福大学的合伙人从跨文化视角对独特性和归属感进行的研究。马库斯的研究证明，注重独特性的西方人自认比注重归属感的东方人更容易做决定。还有什么比自己做决定更彰显独特性的呢？例如，假设相同的调查问卷印在不同颜色的纸上，当你选一张填写时，你是在做选择吗？西方人会说“是”，因为这是在选颜色；东方人则会说“不是”，因为调查内容都一样。[18]

文化差异并不完全是以半球为分界线的。在美国，社会经济地位 [socioeconomic status (SES)] 高的人往往比社会经济地位低的人更重视独特性。原因是社会经济地位较高的人拥有别人想要的一切，归属感也随之而来，于是他们就想显得与其他地位较高的人不同。社会经济地位较低的人则相反，他们已经很突出了，因此想要寻找自己可以融入的社会圈子。

马库斯指出，在一系列非常棒的实验中，这种心理活动引发了各种有趣的行为。[19] 目前我对一项关于购买汽车的研究特别感兴趣，这或许是因为我来自一个社会经济地位较低的地方（我是我们家从农村走出来的第一代大学生），我对这项研究一直印象深刻。现在我们假设一下，如果我给你100 万美元任你随意花，而你打算买辆车。买什么颜色？选择什么牌子和型号呢？我们不妨买辆 20 世纪 60 年代初带有“自杀式”车门的亚光黑色林肯大陆轿车。当然，这是随便选的一辆车，与我的个人喜好无关。

你将车开回家，停在车道上，而不是车库里，因为你想向全世界炫耀你是多么的与众不同。碰巧你的邻居是你最好的朋友，你坐下来和他聊了会儿天，为拥有这辆新车而无比骄傲。然后你美滋滋地进了屋，酣然入睡。

第二天早上，你起床伸了伸懒腰，穿上长袍，下楼去拿当天的报纸。你可能会偷偷瞄一眼自己的那辆黑色林肯轿车。你心满意足地扭扭身体，自豪感油然而生。这时你不经意地朝朋友家看了一眼，然后看到了一辆 20 世纪 60 年代初带有“自杀式”车门的亚光黑色林肯大陆轿车。

你会有何感觉？

你此时的感觉取决于你的社会经济地位。如果你社会经济地位高，你就会骂骂咧咧，用钥匙把那浑蛋的车划成“花脸”，从而引发一场家族之战，其代价堪比麦考伊家族[①]；如果你社会经济地位低，你就会成立一家汽车俱乐部，因为那个人是你最好的朋友，你希望找到归属感，也许你还想让你的其他朋友都坐上那辆车。因此，你的汽车俱乐部名叫“20世纪60年代初带有‘自杀式’车门的亚光黑色林肯大陆轿车俱乐部”，周五的晚上，你们俱乐部的成员就会开着这辆车在镇上兜风。

很重要的一点是：不能对所有人一概而论，对社会经济地位也不例外。显然，并非人人都会完全做出与自己社会经济地位相符的行为。随着时间的推移，很多人的社会经济地位会发生变化。如果试图从群体层面改变行为，不需要完美的干预措施，只要最终能得到我们预期的行为，这件事就值得去做。因此，你可以花时间想想你想改变的人群更希望获得独特性还是归属感，这样做的效果非常显著。

看看特朗普聚会的照片，每个人都穿着同样的衣服，并说着同样的话。你如果想加入他的阵营，只要买一顶印有“MAGA”[②]的帽子，并在谈话过程中适时随声附和就行。特朗普团队迎合寻求归属感的选民，你只要有这一需求就可以加入他的阵营。

---

① 这里的麦考伊家族指的是哈特菲尔德－麦考伊宿怨（the Hatfield-McCoy feud）。1863—1891年，居住在美国西弗吉尼亚州和肯塔基州边界的两个家族之间爆发了冲突械斗，麦考伊家族在这场持久的冲突中先后共有8人死亡。——译者注

② MAGA的意思是重振美国雄威（Make America Great Again）。——译者注

再看看希拉里·克林顿的阵营。她注重宣传独特性，刻意突出对多样性的尊重，并为此而自豪。但她的团队有没有成功地让选民感受到这种独特性呢？她的团队如果能够正确地分析选民们未被满足的对身份的需求，就可以获得对这批选民最强的促进压力，接下来团队就需要减少妨碍他们获得这种认同的因素以满足选民们的这种需求。想象一下，如果你是选民，你可以用信息图[①]宣传希拉里的支持者的多样性，并感觉到自己作为其中一分子所做的贡献。你甚至可以写“我支持希拉里·克林顿竞选总统，因为……”并把这句话发布在社交媒体上，从而显示你在社交媒体上的独一无二。如果说特朗普的宣传让选民获得归属感，那么希拉里就需要让选民展示独特性。

是不是因为这种独特性需求没能转化为干预手段，才导致美国史上最糟糕的总统开始了为期四年的执政？也许是这样。本书将于下一届美国总统竞选时出版[②]，现在是开始画箭头寻找促进压力和抑制压力的时候了。可以肯定的是，正如整个行为科学家团队助奥巴马一臂之力使他当上总统一样，投票（与谈论投票）是一种可以设计的行为。

政治方面的东西讲得差不多了。我们的研究不必局限于

---

① 信息图，英文是 infographics，是 information（信息）+graphic（图形）的组合，它透过图像的力量让生硬的数据显出趣味与生命力，让读者可以轻松地理解，并在他们的脑海中留下印象。——译者注

② 本书英文版原书出版于 2019 年。——编者注

现有的人群，独特性和归属感并不一定要适用于所有人群。事实上，我们可以依据人们的具体需求和他们对具体事物的态度，将人群、动机及行为结果进行细化分类。

作为一名社会心理学家，我会把一切事物做成一个二乘二、共有四个部分的矩阵，对独特性和归属感也不例外。我们不妨将这四个部分分别称为“稳定的”“不稳定的”“爱好者”“厌恶者”，它们在某个范围内是一个连续体。为了便于说明，我把它们当作四个各自独立的部分并分别对它们进行探讨。前面好几章我都没举自己的例子，现在我就以我自己为例来解释。当出版社的编辑寄来撰写这本书的邀请函时，作为答谢，我给她寄去了一台唱机、一组扬声器及一套约翰尼·卡什的黑胶唱片。虽然直接答应编辑会简单得多，但如果我们能在我看重的事情上进行合作，我希望她对我有所了解，明白是什么成就了今天的我。“让雷声滚滚，电闪雷鸣，我来收拾乡村垃圾。”[①]

我对约翰尼·卡什的喜爱是我这片小雪花的一部分，这部分的我很独特。我是约翰尼·卡什的“稳定的”“爱好者”。我对他的喜爱不会因为别人对他的看法或他的知名度不高而大大降低。当电影《与歌同行》[②]获得奥斯卡提名时，我

① 这是一句歌词，出自约翰尼·卡什的歌曲《乡村垃圾》（*Country Trash*）。——译者注

② 《与歌同行》（*Walk the Line*）是一部美国音乐传记电影，电影主人公是美国乡村音乐创作歌手约翰尼·卡什。——编者注

对他的喜欢并没有增加，他为塔可钟[1]拍广告，也不会减少我对他的喜欢。(如果你想知道我为什么有可能因为这个广告而不喜欢他，你可以在优兔上找答案。“你还能在哪里只用花这么点儿现金[2]就得到这么多选择?”这句广告词真是……唉!)

也有人是约翰尼·卡什的“稳定的”“厌恶者”。他们也许不该这样，但这种人的确存在，他们知道卡什的音乐的意义，但就是不喜欢。他们或许是纯粹主义者，觉得卡什是在模仿桑·豪斯[3]和罗伯特·约翰逊[4]。也许他们只是不喜欢民谣。不管是什么原因，他们无法与卡什建立身份认同，所以他们就是不喜欢卡什，并且永远都不会改变这种态度。这是他们的独特之处，也是他们的本质特性，不受舆论影响，就像我一直喜欢卡什一样。

也有人是卡什的“不稳定的”“爱好者”。他们对卡什没感觉，《与歌同行》上映后，他们忽然开始买卡什的唱片，并称自己是他的歌迷。他们的喜好随着大制作的传记片上映

---

① 塔可钟（Taco Bell）是世界上规模最大的提供墨西哥式食品的连锁餐饮品牌，隶属于百胜全球餐饮集团。——译者注

② 原文是 cash，它在这里是个双关用法，既指现金，也对应约翰尼·卡什（Johnny Cash）的名字。——译者注

③ 桑·豪斯（Son House）是美国蓝调音乐歌手和吉他手。——译者注

④ 罗伯特·约翰逊（Robert Johnson）是美国蓝调音乐吉他手、歌手和作曲家，是美国蓝调音乐史上最值得纪念的人物之一。他有着高超的吉他演奏技术，擅长弹奏和弦。——译者注

和下映而起伏，就像他们在卡什之前曾喜欢雷·查尔斯[①]，在卡什之后又喜欢伊迪丝·琵雅芙[②]一样。不稳定的爱好者会随波逐流，喜欢关注焦点，他们总是想关注其他人关注的东西，这样他们才会觉得自己被认可了。这可能会让那些"稳定的""爱好者"恼怒，因为他们认为自己才是真正的粉丝。但粉丝的忠实度只是生活的一方面，我们都在不同的领域随波逐流，因为寻找归属感也非常重要。

当然，也有"不稳定的""厌恶者"(也被称为"潮人")。他们不在意约翰尼·卡什是谁，他们真的不在意约翰尼·卡什是谁，他们的的确确不在意约翰尼·卡什是谁。然后，砰！突然《与歌同行》——一部好莱坞重磅推出的垃圾电影上映了！约翰尼·卡什背叛了自我！可恶的约翰尼·卡什！可惜他已不在世了，按理说，不在世的人无法背叛自我。但这并不重要，因为这些不稳定的厌恶者就像那些不稳定的爱好者一样，也在寻求归属感、可融入的群体和共同的怨恨，直到他们发现另一位更可恨之人。虽然不稳定的厌恶者可能觉得诋毁别人很容易，但他们实际上推动了许多重要的创作：他们否决了福音音乐才有了摇滚乐，他们否决了摇滚乐才有了朋克音乐，他们否决了朋克音乐才出现了车库音乐。

---

① 雷·查尔斯（Ray Charles），美国灵魂音乐家、钢琴演奏家，是节奏布鲁斯音乐的先驱。他是第一批被列入摇滚名人堂的人物之一。——译者注

② 伊迪丝·琵雅芙（Edith Piaf）是法国最著名也最受爱戴的女歌手之一。——译者注

简而言之，这体现的就是身份，任何能将福音音乐变为车库音乐和摇滚乐的事物都值得关注。

我们都从属于某一个群体，认识到这一点很重要。我们把许多精力都放在了身份认同上，因为这样可以更好地平衡独特性和归属感这两种需求。我们对人或物的或短暂或长久的爱憎之情，一方面能让我们很好地适应周遭环境和身份的变化，另一方面能让我们在这个纷繁多变的世界中保持相对稳定的身份。举个例子，我是约翰尼·卡什的忠实粉丝，每当我想找回自己独特的一面时，我就会播放他的音乐，他的音乐伴我走过了人生的喜怒哀乐。但谈到对作家的喜好，我就比较善变了，我没有一直喜欢的作家。我现在喜欢上了作家理查德·凯德利（Richard Kadrey）（我希望本书的内容能够得到他的认可）。但老实说，以我读科幻小说的速度，以及对作者的无视，可能一年后我就忘记他了。

那么，我们怎样发现目标行为的稳定或不稳定的爱好者或厌恶者呢？（或者，我们怎样审视自己的爱好呢？没事，我相信这不是自恋。）毕竟，如果我们要将压力与身份联系起来，并进行干预，我们必须找到属于这个群体的人。幸运的是，我们多数人都能凭直觉做出判断，因为正如我之前所说的，我们会花费大量时间、精力和金钱来展示自己的身份。

我不打算比较爱憎有何不同，因为这两种情感的差别十分明显，当两者区别不明显时，人们也会欣然做出喜爱或厌恶的选择。难区分的是稳定性和不稳定性，因为“善变”的名声不好听。身份认同的主要方面就是真实可靠，而稳定长久就意味着真实可靠。这都是一派胡言。回想一下你的第一个心仪之人，你真心喜欢他 / 她，但你知道你的这种情感不会持续太久。然而，迫于压力，你会说这种爱慕是永恒的，（“我会永远喜欢你！”）如果你让一个人在“暂时”与“长久”之间做选择，他总会选择后者。

一个小技巧就是问对于某一主题的喜爱程度。你知道我是约翰尼·卡什的忠实粉丝，但如果你问我最喜欢他的哪首歌，我答不上来。其实他重录的《伤害》(*Hurt*) 是我的最爱，这首歌最初由九寸钉乐队（Nine Inch Nails）主唱特伦特·雷兹诺（Trent Reznor）演唱。你能从歌中听出卡什在痛苦中难以自拔，即使他在唱别人的歌，你也能感受到他当时的痛楚。他曾是瘾君子，与毒瘾做斗争，一次又一次地迷失自我。你如果去看这首歌的视频，会看到有个短暂的镜头是琼(卡什的妻子) 低头望着卡什，这是何等的悲凉！因为她清楚自己与卡什的内心都十分脆弱。卡什一直在与毒瘾抗争，琼是他最坚实的后盾，她在参与这段视频的拍摄时就清楚自己会比卡什早走一步，视频中的她似乎在说：“我走了，谁还会在乎这个男人呢?”不到三个月后，她真的去世了。

我最喜欢的也可能会是《我们会再见的》（*We'll Meet Again*）。这是卡什最后一张专辑中的最后一首歌。视频中，刚开始他独自一人前行，后来全家人都加入了他的行列。你可以听到他们向他们的父母道别——他们的父母即将走到生命的尽头。我无法想象当时录制的情形，没看几秒钟，我就泪流满面，我仿佛听到了当初还是西部牛仔的祖父母的歌声，这是他们的呼唤。在我祖父母离开人世前，他们虽然年事已高，但仍然很健康，我听过他们用颤抖的声音共同演绎那首二重唱。

你感受到这种情感了吗？看到这些文字描述有多长了吗？稳定的情感意味着深入其中，并与情感对象建立稳定的个人联系。对于始终有厌恶情绪的人也是如此。我一直都不喜欢薄底比萨，当然，我可以详述不喜欢的原因（声明一下：我喜欢里面有烤鸡肉和很多洋葱的厚底比萨）。我常用的两种测试法是 TED 测试（这人能否就这一话题在 TED 大会上做一次即兴演讲）与啤酒测试（这人是否愿意出去一边喝啤酒，一边只聊这一话题）。

人们在谈论不稳定的爱好时就显得不一样了。一旦开始讨论，大家很快就鸦雀无声。因为他们喜欢的就是集体喜欢的，他们说的一切都是为了迅速融入集体而说的，（我发誓我也是这样的！）他们也不会将爱好与自身密切联系起来。例如，我会说，我很喜欢作家理查德·凯德利，因为他所描写的恶魔和地狱之旅，在嬉笑怒骂中揭示了现代男性的复杂与邪恶的一面。不过，我了解的也就这么多。我能假装自己在 TED 大会做演讲，聊聊凯德利的事，但任何一位来自“稳定的爱好者”阵营的人都可能会笑话我。

另一个小技巧是关注自我暗示与社交暗示。如果身份可以被概括为“我是一个……的人”，自我暗示和社会暗示则关注的是谁在说这句话。几乎所有行为都是自我暗示或社会暗示的结果，但通常会侧重某一方。戴耳机听约翰尼·卡什的歌的人更像他的稳定的爱好者，而在办公室播放他的歌的人则只是出于社交目的，因此这种人是不稳定的爱好者。我们常有一种偏见，我们认为身份认同是指被社会认同，因此我们会通过某种渠道告诉别人自己属于哪类人。但细想一下，大部分与我们身份认同有关的行为是不易被察觉的。做这种不易被察觉的行为如果不是为了我们自己，那是为了谁？如果你想发现某人稳定的独特之处，想象一下他在独处的时候会做什么。此外，定量和定性的三角交叉验证也非常重要。定性研究人员擅长区分公共行为和个人行为，定量研究人员利用数据分析可以轻而易举地找到我们不易察觉的行为。

你在公共场所也可以看到这种差别：稳定型人群和你交谈，不稳定型人群谈论你（不瞒你说，我的这条小提示足以让你几年不用看心理医生）。记住在什么情况下应满足何种身份需求：稳定的爱好者聚焦于个人，不稳定的爱好者聚焦于群体。稳定的爱好者和谁交谈呢？——他们自己。或者他们更有可能直接与他们喜欢的艺术家或品牌方交流。

相比之下，不稳定的爱好者互相交谈。他们会发信息给别人，因为他们谈话的主要目的不是说明他们对某物有多么喜爱或厌恶。他们想让这条信息出现在同伴的信息更新里，因为他们只能通过这种途径得到回复。他们因兴趣而积极入群，为此他们需要表达自己的想法，并得到认可。我不记得我上个月跟多少人讲过关于理查德·凯德利的事了，但我知道自己一次都没提及约翰尼·卡什（我只和我的编辑提过卡什，她对此表示怀疑，我要让她相信我）。

还有很多其他判定某人的爱好到底有多稳定的方法，但它们都取决于你研究的行为类型。即使就通过上面提及的几种方法，也能充分说明如何利用独特性和归属感的二分法来改变行为方式。

四组（爱好 / 厌恶；稳定 / 不稳定）中的每一组都可以被视为不同的群体，你应当为它们撰写不同的目标行为陈述，它们有各自的结果行为、压力和干预措施。一般来说，我们不希望每组都表现相同的行为结果（我们即使希望如此，也不太可能得到相同的结果），因此，通过细分，我们可以顺其自然地开展研究。对于每个群体，你可以问自己："我想从他们那里获得什么？他们又想从我这里获得什么？"用这两个问题来引导你开展工作。

让我们以微软公司与稳定的爱好者为例。微软想要从稳定的爱好者那里获得什么？是购买并持续购买他们的产品。但这也是微软想从每个人那里获得的。那么，什么东西是稳定的爱好者拥有的而其他人所没有的？是对微软公司的深入了解和对其理念的认同。如果你在制订一个长期行为改变计划，没人会像稳定的爱好者那样帮你找寻独到的见解，指出你想不到的成因，并引导你的干预措施。

这就是为什么微软有内测版计划（the Insiders program）。例如，Windows 内测版允许其稳定的爱好者直接接触微软这个品牌。他们可以获得操作系统的预发布版本，报告错误，还可以直接与 Windows 的技术团队人员进行沟通。超过 1 600 万人参与其中，每天都会产生千兆字节的数据，而且他们做这些事是无偿的。试想一下，如果你要聘请同等数量符合要求的测试人员来获取等量信息，你需要付出多大代价？这下你就会明白“使用 Windows 测试版”是一种多么有价值的行为结果。

这个案例中最难得的一点是什么？——参加这种无偿测试正是稳定的爱好者想要的！如果你一直喜欢微软，你可以直接与他们的工程师面谈，创造自己喜欢的东西，这正是你想要的结果，因为这样你可以学以致用，并参与产品生产。不稳定的爱好者会想同约翰尼 · 卡什合影，这样他们就可以在社交媒体平台上晒合照，向全世界的人炫耀，从而吸引人们围观了。而我却只想和约翰尼 · 卡什散散步，聊聊天，别无所求。

稳定的厌恶者也可用于帮助分析和发现成因，因为他们也会对某一事物深入研究（虽然他们最终的结论是否定该事物）。我们之所以会产生确认偏见，或在想强化目标行为时只关注促进压力，其中一个原因就是我们只与本来就喜欢某事物的人交谈。但那些（经过一番深思熟虑）做出相反行为的人对理解行为也很有价值。毕竟，谁又能比稳定的厌恶者更好地甄别那些容易成为我们的盲点的抑制压力呢？

稳定的厌恶者也希望直接参与，这听起来似乎有点儿奇怪。人们很容易被自己的厌恶情绪蒙蔽，但记住，他们围绕这一主题形成了稳定的身份。我一向不喜欢那帮狡猾的保守派，但还是会找机会和他们中的某些人散散步，深入讨论我们之间的不同，以及为何不同。通过交流，我证实了我的确不喜欢他们，也从本质上明白了是什么成就了现在的我。当你需要了解不同的看法时，我认为这种方式是十分可取的。

不稳定的爱好者行事独特，他们试图建立自己的社会圈子，生来就有号召力，我们也可以对他们的行为进行干预。稳定的爱好者在这方面就不如他们，因为前者不在乎别人的想法。但不稳定的爱好者对推荐程序、社交分享、道听途说的内容及任何值得他们分享的东西都感兴趣。他们的爱好不可能表现得很浓厚，这的确令人扫兴，因为他们的行为都显示了不稳定的本质。要知道，没有人愿意面对这样一种现实：他们的爱好只是一时兴起。但只要这种爱好让这些不稳定的爱好者有了归属感，他们就会投身其中。

切记，要慎重对待不稳定的爱好者（我再次以个人名义为了你的身心健康提醒你）！因为归属感是他们的主要动力，所以他们在接触群体时会比那些稳定的爱好者更敏感。也就是说，如果他们在想加入的集体中恰巧发现了他们讨厌的人，他们就会像扔烫手的山芋一样无情地离开这个集体。正如之前所说，这种不稳定性实际上对整个社会还是有好处的。但是，当人人都开始玩车库音乐，而你却还在投资朋克音乐时，你会发现自己积攒的许多铆钉项圈没有销路了。所以，要对任何不稳定的干预持续进行严格的监测。

那么不稳定的厌恶者呢？毕竟，他们可能不大认同你的行为陈述，但你也不能对他们的观点置之不理，因为他们会召集讨厌你的人一同与你作对。事实上，这就是我早些时候在本书中提到的另一个构想：我们有时需要加强抑制压力并削弱促进压力以减少某些行为。

如果对不稳定的爱好者的主要促进压力是找一个可以接纳他们的群体，那么让他们保持沉默的最有效的方法就是挑明他们的行为是多数人无法接受的。这就是我喜欢塔吉特[①]的社交媒体团队的原因。我不是指塔吉特的官方账号——尽管他们的官方账号也不错——我指的是迈克·梅尔加德（Mike Melgaard）在2015年冒充塔吉特的客服创建的脸书账号。当时塔吉特刚刚公布了一项新政策：不再按照性别摆放和销售玩具。此举广受好评，但也遭到了一些不稳定的厌恶者的不满，他们要让全世界知道自己十分拥护性别规范，因为对于这些愤怒的保守者来说，这是一个寻求归属感及支持者的绝佳时机。

① 塔吉特（Target）是美国仅次于沃尔玛的第二大零售百货集团。——译者注

在上传了塔吉特的图标作为自己的脸书账户的头像后，梅尔加德假装自己是塔吉特的客服，用这个冒牌脸书账号狠狠地打击了支持性别规范者们的集体存在感。当塔吉特出面终止这场口水战时，梅尔加德的幽默回应收获了数百次点赞，而不稳定的爱好者得到的点赞量为个位数。

一段很有代表性的交流是这样的。有位叫布朗森·史密斯的人（是的，整件事情都令人作呕）说："所以顾客要先浪费时间找对地方，然后才能找对衣服？男女服装也是这样不分性别摆放的吗？塔吉特很快将设立男女通用的洗手间了……很庆幸我没去塔吉特购物！"

对此，梅尔加德回应道："我们同样高兴地看到你没有在塔吉特购物，布朗森先生。"

一个真正的客服部门会以这样的口吻进行回应吗？很可能不会。但不这样做的结果毋庸置疑：那些原本赞成塔吉特举措的不稳定的爱好者得不到足够的支持，很多人很快会沉默不语，最终也不再去塔吉特购物了，这正是那些不稳定的厌恶者（保守分子）所期待的。记住，应该根据干预的结果来评判干预本身。梅尔加德的行为最终让不稳定的厌恶者沉默，这对他们来说是一个体面的结果；而梅尔加德同时赢得了原本支持这项举措的不稳定的爱好者的尊重，这对公司来说是个红利。这就是为什么在行为陈述中要区分具体人群，这非常重要：不是人人都需要相同的行为结果，你如果不深入分析就永远都不会知道。当你在舆论上具有压倒性优势时，你把几个不稳定的厌恶者惹毛了也没关系。如果你追踪公众对于婚姻平等这一话题的看法，你会发现，当舆论斗争的结果趋向明朗时，很多人会迅速重新站队，因为没人愿意站在输的那一方（除非他们就想成为失利者的一员，这就另当别论了）。

我再分享两个小技巧，从而帮你的团队更好地运用独特性及归属感。首先，你可以让你的定性和定量研究人员专门研究这四个身份（即稳定的、不稳定的、爱好者、厌恶者），以避免盲区。就像竞争性压力箭头有助于我们更好地建构工作模式并查漏补缺一样，你不妨也在纸上画下四个方形矩阵图，保证团队在进行可能性分析时将每个方框都填上内容。

然后，当你匹配这些成因及设计干预时，对各个群体都要从他们的身份认同出发，以确保进展顺利。切记，要识破表象，避免刻板印象，鼓励团队成员各自扮演一种角色，并对产生的行为结果进行探讨。每个人会有怎样的反应？你可以从他们的反应中获取什么信息？你又能如何对他们的反应进行纠正？这些是你和你的团队要关注的问题。

第 12 章

抑制压力的特性

在开始这一章之前，我必须承认自己的偏见：我个人更倾向于研究抑制压力。在本书的第一部分，我尽力保持中立，平等地看待抑制压力和促进压力，尽量两者兼顾，确保客观。但现在我要阐明一点：抑制压力比促进压力更重要。

其部分原因与我对这两种因素的认识相关。《广告狂人》特别喜欢促进压力，然而我并不喜欢《广告狂人》(如果你仔细阅读了我前面的章节，你就会发现“广告狂人”们与我的观念差异很大，我们对促进压力的认识不同)。另外，抑制压力也更合乎道德规范。人们想做某事，但因为有抑制压力的存在而无法做成，改变抑制压力就可以实现他们的愿望。从本质上看，我认为改变抑制压力一般对行为改变非常有效，因而有必要对其进行深入分析。

“一般”这个词很重要。因为在促进行为改变的因素中，并非所有的抑制压力都优于促进压力，也并非所有的抑制压力都具有这一相同的特质。如果是这样的，那么就没必要对这两种压力进行深入分析并采取干预措施，更没必要写这么长篇幅的一本书了。我们研究这些特质是为了让人们关注原本被忽略的因素，不应武断地认为某个因素不重要而对其放弃干预。

首先，我们如果快速地回顾一下本书第一部分的内容，就会发现前面我们一直在进行行为陈述，其主要目的是促使人们多做而非少做事情，因而我们自然而然地倾向于关注促进压力。这也就意味着，我们之所以要关注抑制压力，是因为它经常被忽略，属于干预行动中尚待开发的新领域。

我所说的“新”并非单纯为新奇而新奇的“新”，对抑制压力的忽视意味着在“低处”还有容易采摘的“果实”。世界上所有的干预措施都聚焦于促进压力，这最终导致操作空间变窄，效率降低，因为小的行为改变都需要付出更多的努力。比如在广告界，如果你的广告是世界上唯一的广告，它会非常有效。但是，如果你想让你的广告比其他任何广告都更睿智、更有趣、更独特，你就得支出更多（高于 2 200 亿美元），而且不一定奏效。

抑制压力更具辨识度，更容易在众多干预手段中脱颖而出。以优步为例，要想让其 App 手机软件比其他软件更好用，就需要数以百计的设计师和非常好的运气才能把它设计出来。正因为很少有人关注支付体验这个抑制压力，所以优步的一次小小的干预带来了巨大的回报。电子支付确实简易方便，但出租车行业对其关注不够，优步采取电子支付的方式令其与众不同。正如前面认知注意力部分所提到的，如果干预的结果能让产品与众不同，那么该产品就有了独特的优势。

让支付变得更简易具有另一个优势：普遍性。只研究促进压力存在的问题是：促进压力往往不适用于所有人。一个人可能因为低血糖而吃 M&M's 巧克力豆，另一个人吃它可能是因为心情沮丧，也有人可能是因为它香甜美味才吃它，但是他们的共同之处是，他们的行为受到成本、可获得性及便利性的影响。这些抑制压力通常具有普遍性，可以更有效地改变行为。

这种普遍性也让抑制压力具有另一种特性：它们能产生持续而有效的影响。人们在特定场景下才会接受 M&M's 巧克力豆（它在棒球场很受欢迎，但是不适合浪漫晚餐），人们对它的喜欢会随时间的改变而改变。因为消费人群、身份会变化，为促进持续消费，品牌需要不断在新的方面下功夫。随着时间的推移，人们的口味也会发生变化，这使得对原本稳定的因素——味道的配方也不得不做出调整。

抑制压力相对稳定，并不会随时间的流逝而快速改变。只要有 M&M's 食品，成本就一直会是抑制压力；在可以预见的未来，成本这个抑制压力会一直存在。"昂贵"的标准虽然随着时间的推移在发生变化，但与促进压力的快速变化相比，它的变化速度要缓慢许多。

抑制压力的另外一个优势是可预测性。由于促进压力在不同的人群和环境中有更明显的多变性，因此很难预测其长期价值。第 42 种口味的 M&M's 巧克力豆到底有多美味呢？判断方式除了"品尝"别无他法，而该判断方式常受不稳定因素的影响，例如，人们会以口味是否新奇作为标准。

相比之下，抑制压力通常有相应的衡量标准，这使我们在衡量差距、金钱时避免线性思维（例如，认为失去 1 美分相当于丢失 1 美元的百分之一，这种算法不可靠），但这种线性的计算方法确实能让我们更好地控制并了解情况，从而进行更有效的干预。我们可能感觉 1 美元不等于 100 美分，但至少知道它可能在 90 美分到 110 美分，而不是在 2 美分到 200 万美分。这种衡量对预试验来说可能不那么重要，但在大规模试验中却可以决定干预的成败。

我倾向于研究抑制压力的最后一个原因具有诺贝尔奖的价值。丹尼尔·卡尼曼及其搭档阿莫斯·特沃斯基（Amos Tversky）发现了一种心理结构（后者虽然因去世不能领奖，但也是这一成就的真正合作伙伴），并称之为前景理论。该理论认为，损失的痛苦感要大大超过收获的快乐感，即同等的损失比同等的收益对人的心理产生的影响更大。这意味着减少抑制压力，特别是将其完全消除，通常比增加促进压力更有效。

举个"一分钱效应"的例子。你的衣柜里可能有一件免费获得的T恤衫，你当时很开心地把它带回家，但之后很可能再也不会穿它了。假设把这件T恤衫以1美分的价格卖给你，你肯定不会买。但是由于付钱这一成本抑制压力消失了（即免费），你改变了自己的行为，转而愿意接受它。显而易见，支付1美分并不会超出你的预算，就像你花费99美分而非1美元来买件衬衫也不会超出你的预算一样。因为没有付钱这一成本抑制压力，所以你把衬衫带回了家。单纯从规模的角度上来说，促进压力需要你去做更多更大的事情，而抑制压力则让你把注意力集中在较小的干预上。

综上所述，面对这样一个极度关注促进压力的世界，抑制压力的各类特性似乎不那么醒目。但是，当抑制压力的长久性、普遍性和其他特性像战神金刚[①]一样组合在一起时，它是非常值得研究的。

① 《战神金刚》（*Voltron: Defender of the Universe*）是二十世纪福克斯公司出品的动画片，作品讲述吉斯、斯万和他们的伙伴们效力银河系联盟，组成了威力无比的战神金刚百兽王，用光芒神剑一次次击败魔王扎克的进攻。——编者注

第 13 章

竞争行为

这是真正的行为改变第 201 版[①]。请相信我，不要轻易使用竞争行为。但你有时会遇到看似难以改变的行为，尽管你采用了各类干预措施，但这一行为依然如故，这时你可能需要利用竞争行为。又或许，你在业务拓展部门或类似部门工作或从事类似工作，你需要思考行为之间的相互关系。不管怎样，我们得好好谈谈，直面困难。

干预设计过程处理的是单个行为，这是经过深思熟虑的选择，因为如果关注一个群体中所有个体相互关联的行为，就会因为行为过于庞杂而无法找到一项合适的干预措施。从认知注意力的角度看，竞争行为是一种矛盾，这种矛盾基于

① 美国大学关于专科课程的介绍性课程代码为 101，这里的第 201 版意指内容更为专业的介绍。——译者注

一个简单的事实：在一定程度上，任何事物间都存在竞争。

你不可能一边抽烟，一边嚼口香糖，也不可能一边乘坐优步车，一边还坐在家里的沙发上看网飞[①]剧。如果瓶装水的价格降低了，人们就会多买瓶装水而少喝苏打水。（不然，为什么苏打水公司也设立瓶装水子公司，并人为地保持瓶装水的高价呢？）每次一方的压力或行为发生改变，都会微妙地影响其他的压力和行为。我不打算在这里充分讨论某种行为改变带来的蝴蝶效应——这种讨论会令人发狂的——但所有的行为都是相互关联的，这是不争的事实。这需要我们时不时地后退一步，从全局来看待这一切。

你必须形成新的认识，即要改变行为至少需要两种计划，而非一种。在竞争压力模型中，通常来说，人们如果想要促成某种行为，就要增加促进压力，减少抑制压力。但还有第二条路，即如果我们意识到，其他替代行为与我们的目标行为或多或少存在竞争关系，那么从根本上说，减少替代行为就能在一定程度上增加我们的目标行为，因此，尽量消除替代行为是一种可行的策略。

这可能也比较冒险，你得小心行事，避免无意中消除某种行为模式。我们在创业初期常说“浮水载舟”，这意味着凡是有利于整个行业的环境对行业中的每一家初创企业也都有利。整个市场规模扩大了，即使你的市场份额有所下降，

① 网飞（Netflix）是美国的一家在线影片租赁提供商，成立于 1997 年，总部位于美国加利福尼亚州洛斯加托斯。——译者注

你也会从中获益；相反，如果你努力消除与你的目标行为相似的其他行为，你可能会因此获得更多的市场份额，但缩小整个市场后，你会发现自己的获益比原来还少。

幸运的是，这正是干预设计过程的用武之地。对于一个影响行为的竞争压力，我们会启用一个全新的干预设计过程，专注于消除那种压力。在评估预试验时，我们只评估我们真正感兴趣的行为，而不是其他行为。只要关注苏打水的销量在下降就可以了，我们并不在乎矿泉水的销量是否有所上升。

从理论上来说，这一过程可以无限循环：通过一个干预设计得到一个行为结果，然后使用无限的干预设计去处理替代行为。随着可干预的替代行为的减少，我们干预设计的收获也会相应地减少。如果不写这本书，我这会儿早睡了，这是一个合理的替代行为。但是，我这会儿选择跳伞的可能性很低，所以旨在让我跳伞的干预设计将是一种浪费。选择正确的替代行为就像“金发姑娘效应”[①]：如果替代行为与实际行为距离较近，那么它就是一个可行的选择；如果距离太远，你就无法得到你想要的行为结果。

为了避免这一难题，我们不必总是试图消除替代行为，相反，我们可以使两种行为并存。我最喜欢的一个例子是优

① 美国传统童话故事《金发姑娘和三只熊》中说，凡事都应有度，不能超越极限。人们将按照这一原则行事产生的效应称为金发姑娘效应。——译者注

步和网飞之间的竞争，我之所以喜欢，是因为这两者都没有意识到它们其实被卷入其中。它们没有在 TechCrunch[①] 博客上挑起口水之争，没有互掘坟墓地相互攻击，没有上演任何戏码，它们甚至没意识到自己与对方处于竞争状态。然而，它们之间的确存在竞争关系。

优步希望你周五晚上干什么呢？它希望你出去吃饭（最好喝得烂醉如泥，这样你就不能自己开车回家了）。网飞希望你周五晚上干什么呢？它希望你待在家里看剧。这两种行为相互排斥，因此需要开展一场竞争。这是行为陈述中的一种隐藏的美：分析其他行业，发现这些行业的局限性、动机、压力与你所处的行业有共性或存在竞争关系，找到新的竞争对手和合作伙伴。

优步和网飞通过产品研发解决了这一问题。优步提供了外卖服务（如果待在家里，外卖将是个不错的选择），网飞做移动媒体（如果外出，坐在优步车的后座上也可以看网飞剧）。如果它们真的想彻底解决这个冲突，可以参考这种模式：当顾客乘坐优步车时，他们可以免费观看网飞剧，也许移动电话公司也会给他们提供免费手机流量，便于他们观看视频。这些协同捆绑对于实施干预设计、击败对手来说具有

① TechCrunch 是美国科技类博客，由互联网方面的律师迈克尔·阿林顿（Michael Arrington）建立，主要报道新兴互联网公司的消息，评论互联网新产品，发布重大突发新闻。TechCrunch 是目前关注互联网和创业的重量级博客媒体，是美国互联网产业的风向标，里面的内容成为风险投资者和行业投资者的重要的投资参考。——译者注

非常大的潜力。

不管是哪种方式，都是大公司的策略。如果是小公司，那么就应专注于运用干预设计过程以实现自己的目标行为。制造本来就不存在的竞争是对资源的浪费，本书主张从结果开始，就是为了由结果倒推过程，从而实现以更少的投入获得更大的收获。这是一个汇聚天时、地利的方法。

第 14 章

消除行为和替代行为

我用了整本书来写如何通过干预措施促进行为的产生，说“促进行为产生”是为了语言表述方便，而且生活中更多的情况是我们要努力改变，使有些行为发生得更多，而不是更少。但与此同时，不可忽略的是，消除一种行为也是一个实实在在的目标，这不仅是为了减少支出，改善健康，利于社会，也是为了纯粹的经济利益。比如，让人们使用优步就要打消他们买车的念头，苹果手机的崛起意味着卡西欧牌手表的倒闭。

从根本上说，消除行为要使用同样的干预设计过程。不同的是，此时你要增强抑制压力，减弱促进压力，而不是采取与之相反的做法。与促成行为同样的是，可以预见，我们为消除行为所做的压力分析可能存在同样的缺陷：我们在想到消除行为时只会关注抑制压力（这就是惩罚），而忽略了相反的最初促成行为的那些促进压力。

这种行为消除过程中存在不同的挑战。在干预设计过程的后期，我们常常会忘记原来在目标行为陈述中所写的行为产生的促进压力和抑制压力，因为这些因素没有被列入我们的干预范围。但事实上，为了促成某种行为，当市场趋于饱和时，我们需要减少其抑制压力，从而扩大市场（就像优步开始接受现金付款，打破付款方式的限制）。但是当试图消除一种行为时，我们需要分析该行为产生的原因，即思考行为产生的促进压力。

一个基本问题是：如果我们消除了一种行为，而没有找到其他的替代行为，人们的动机无法得到满足，那么他们最终会找其他的方式来填补这一空白。但这种替换行为通常会导致更糟糕的后果。问问《贱女孩》[1] 里的卡迪就知道了。虽然她阻止了雷吉娜的糟糕行为，但是她一开始没有找到一个合适的途径来满足青少年表达身份的需要，从而引发了更糟糕的行为。因此，整个剧情是“砸了皇冠，大喊我们是暴风雪中特殊的雪花”的结局，卡迪必须消除成为“贱女孩”

---

① 《贱女孩》(*Mean Girls*) 是一部美国校园青春电影。电影主人公卡迪（Cady）进入一所普通高中学习，为了适应新的环境，她暗自学习“生存法则”并加入了学校里很光鲜的一个圈子。卡迪在这个圈子里获得认可后，因矛盾伺机报复霸道又自负的学校风云人物雷吉娜（Regina），还让雷吉娜的两个朋友与她反目。随着卡迪越来越受欢迎，她一度失去自我，变得狭隘、虚荣。后来发生的一系列波折使卡迪意识到自己的错误，并做回原来的自己。——编者注

的动机。要知道，自然界不是真空的。

让我们再举一个例子：吸烟。在公共卫生方面，没有比减少吸烟的胜利更激动人心的了。在美国，吸烟人数在 20 世纪 60 年代中期达到高峰，约一半的成年人都是烟民，而当前的烟民比例约为 1/10，随着那些老烟民的离世，吸烟人数每年还在持续下降。事实上，香烟曾无处不在，它会让人在心理和生理上都产生依赖，而且香烟的营销攻势一直很猛，但到了 50 年后的现在，香烟的辉煌已经不复存在了。为什么？

按照我们的思维习惯，我们先从吸烟的抑制压力着手。因为死亡是最有效的抑制吸烟的因素，所以我们就在香烟包装上放上大号字体的“吸烟有害健康”的警告。此外，我们一个接一个地减少允许吸烟的地方，把吸烟从一种公共行为变成一种私人行为。最后，我们对香烟实施高额征税（现在，香烟价格的一大半都用于交税了），用严苛的法律规范香烟销售，严格禁止不利于收税的转售。这一连串新的控烟手段在一定程度上起了作用。

如今，美国的吸烟率不断下降，禁烟成绩显著。其中更重要的原因是，我们在努力削弱吸烟的促进压力。当然，吸烟最大的诱因是人们认为吸烟很酷，詹姆斯·迪恩[1]和万宝

① 詹姆斯·迪恩（James Dean），美国男演员，1999 年被美国电影学院评为“百年来 25 位最伟大的银幕传奇男星”之一。在他的一张黑白照片中，他在雨中缩着肩膀裹着大衣，眉头微皱，嘴叼香烟，这成为他最经典的形象之一。——编者注

路牛仔[1]都是形象代言人。这就是为什么大多数人都是从十几岁开始抽烟的，因为这个年龄段的青少年对独特性和归属感的需求均处于高峰期。

反吸烟战斗就是从这里开始的。如果你吸烟是为了像玛丽莲·梦露一样性感迷人，我们的公益广告就向你呈现吸烟后的真实生活。但是吸烟者可能会认为，以后的事还很遥远，只顾现在就行，所以如果以青少年为目标，我们现在得打消他们的念头。我最喜欢一则没有任何对话文字的禁烟广告：广告中出现一个很迷人的女人的背影，旁边一个有魅力的男人注意到了她，开始朝她走去，好像要约她出去。她侧过身，侧影显示她正在抽烟，男人随即转身离去。言外之意很明显：你如果吸烟，就没人追求。对于青少年（当然也包括其他所有人）来说，对爱情的追求是一种强大的动力。当吸烟无法带来爱情时，很快你就会吸得越来越少了。

香烟公司反驳不了这一广告，因为我们已经禁止它们做广告了。在美国，电影、杂志、电视、广告牌、广播——除了香烟，你几乎可以在这些平台上做任何产品的广告。禁止大型香烟公司使用万宝路牛仔形象或禁止美化维珍妮牌（Virginia Slims）香烟的减肥功效，这样就可以抑制人们抽烟

---

① 万宝路（Marlboro）香烟于 1924 年开始生产，在其后近 30 年内销量不佳。著名广告大师李奥·贝纳为其打造了经典的牛仔广告形象，这使得万宝路香烟的销量节节攀升，并于 1975 年登上全美香烟销量第一的宝座。——编者注

的行为了。

一个更荒谬的例子是香烟广告里的卡通人物骆驼乔①。在对骆驼乔的诉讼中，原告声称，在这一角色进入大众视野后的4年里，骆驼牌香烟对青少年的销售额从600万美元增加到了4.76亿美元，这一诉讼导致了骆驼乔的终结。在同一时间，《美国医学会杂志》(JAMA)的一项研究发现，6岁的孩子就像熟悉米老鼠一样熟悉骆驼乔。[20]禁播骆驼乔挽救了孩子们。

禁烟运动打了一场胜仗！但是出现了另一个问题：没了香烟，人们（青少年们）依然希望让自己看起来很酷。他们希望能够找到某种日常的东西，某种既能使他们显示独特性，又能培养归属感的东西。这种东西可能有你最喜欢的味道，或可以搭配各种饰品，或可以被拿来和朋友以物换物，又或者可以让你得到心仪之人的青睐。我们禁止了香烟，但留下了一个巨大的需求缺口，这可能是电子烟公司和香烟公司走到一起的原因，最大的电子烟公司尤尔（Juul）刚刚从最大的香烟公司奥驰亚（Altria）获得130亿美元的投资。香烟变成电子烟，而顾客的行为模式不变，动因不变，因此这两家公司的合作存在必然性。

所以，当我们专注于消除一种行为时，我们也需要寻

---

① 骆驼牌（Camel）香烟在20世纪90年代为自己的香烟品牌创作了一个戴着墨镜、身穿夹克、骑着摩托的诙谐卡通人物形象——骆驼乔（Joe Camel），并将其制作成电视广告播放。——译者注

找一个替代行为。在禁止吸烟的过程中，我们完全专注于戒烟，而忘记了吸烟的内在动机，没有为满足吸烟的动机或"初衷"开辟一条新的道路，这导致了电子烟的产生，这也使禁烟的成功显得微不足道。归根结底，关注行为重要，关注行为背后的动机也同样重要。如果我们想真正地禁烟，我们必须找到一些香烟的替代品，它们能让青少年继续看起来很酷，并可以用于搭讪。(与吸烟有关的搭讪行为中有一半始于向陌生人要一支烟或借一个打火机，另一半则是对独处的人说："想和我一起去抽支烟吗？")

我将以另一个案例结束本章，向你展示处理得当时的结果。几年前，一个研究非洲心脏病问题的医疗小组来找我，他们说许多非洲人嫌食物口味寡淡（动机），会在食物中添加大量的盐（行为），但这对身体有害。于是，我们对太咸的食物进行了各种干预。我们并没有说"改吃清淡的食物"，相反，我们向非洲人介绍了一系列不含盐的调味品来改善食物的口味。因为，归根结底，非洲人在意的是食物是否合乎他们的口味。我们尊重这个动机，代之以不含盐的调味品，这样既可以降低非洲人的盐的摄取量，也不用担心他们会因为少摄入盐而过多地使用油和糖来加重口味。

第 15 章

小案例研究

“结束了。我唯一的朋友，结束了。”[①]（也只有吉姆·莫里森[②]能让这么多模糊而暧昧的歌词变得如此惊艳。）除了知识和我的连篇抱怨，整本书的进度就像闪电一样，只剩下本章的小案例研究还没有写了。因为如果说初级行为科学家和高级行为科学家的差别在于经验不同，那么这一章就会变成像是为 XP farming[③] 开的小专题。

① 这是一句歌词，出自大门乐队（The Doors）的歌曲《结束》（*The End*），原文是：This is the end. My only friend, the end. 该歌曲由吉姆·莫里森（Jim Morrison）创作。——译者注

② 吉姆·莫里森是大门乐队的主唱和灵魂人物，大门乐队是著名的美国迷幻摇滚乐队，1965 年成立于洛杉矶。吉姆·莫里森擅长创作模糊、暧昧的歌词，并形成了一种独特的舞台风格。——译者注

③ XP farming 即 XP 农场，XP 是 experience（经验）的简写，作者的这一表述带有幽默意味，意指自己经验丰富。——译者注

好撒玛利亚人

> 有一个人要从耶路撒冷到耶利哥去，不小心落在强盗手中。他们剥去他的衣裳，把他打个半死，然后就丢下他走了。偶然有一个祭司从这条路走来，看见他，就从边上过去了。又有一个利未人来到这个地方，看见他，也照样从边上过去了。唯有一个撒玛利亚人来到这个地方，看见了他，动了慈悲心，上前用油和酒倒在他的伤处，包裹好了，扶他骑上自己的牲口，带到店里去照顾他。
>
> ——《新约 · 路加福音》，10:30—34

《好撒玛利亚人》[①]是《圣经》中比较著名的一则寓言。它讲的是一个人被打伤躺在路边，先后有两个路人看见了他，但都视而不见地从他身边走过，没有施以援手，第三个人路过才停下来救助了他。耶稣认为，第三个路人会进入天堂，因为他像爱自己一样爱他的邻舍。

但如果前两人不救伤者只是因为他们当时很忙呢？

耶稣似乎在暗示，停下来提供帮助只与某种内在的、与认同相关的促进压力有关。对陌生人的怜悯和关爱让第三

① “好撒马利亚人”（The Good Samaritan）是基督教文化中的一个著名的成语和口头语，源自《圣经》中耶稣讲的寓言，意为好心人、见义勇为者。——译者注

个人停下了脚步，而怜悯和关爱也是耶稣希望他的信徒在这个世界上奉行的核心价值观念。但约翰·达利（John Darley）和C.丹尼尔·巴特森（C. Daniel Batson）[21]在1973年做的研究很好地说明了决定我们是否会停下来去帮助别人的关键因素通常是抑制压力，而非促进压力。

在达利的研究中，研究人员招募了一组神学院学生进行一项实验，并在实验前告知这些学生，这项实验要测试他们的宗教信仰。这些学生在A建筑中填好关于宗教虔诚度的问卷后，被分成了两组前往B建筑去完成两个任务中的其中一个：做关于神学职业的演讲，或者进行关于“好撒玛利亚人”的寓言的布道。此外，这些学生被要求到达B建筑的时间也不一样，有的需要早一点儿，有的准时到达即可，还有的可以晚一些。

这里有个巧妙的安排：研究人员在A建筑到B建筑的必经之路上设置了一名演员，并让该演员装作呼吸困难的样子瘫倒在地，一边咳嗽一边呻吟。这才是该实验真正要研究的内容：当碰见需要救助的病人时，究竟是什么因素决定了这些神学院学生是停下来救人还是绕过病人继续赶路。

第一个可能的决定因素是与认同相关的促进压力，即神学院学生是如何看待宗教和他们自己的。那些对基督教使命有强烈共鸣或对为上帝服务深信不疑的人大概更有可能给予别人帮助。唉，其实不然。尽管人们错误地认为善是人的一种主要的内在属性（记住，这是我们的自利偏见），但助人行为似乎并不取决于研究人员所衡量的个人信仰或个人品质。这个潜在的促进压力被排除了。

第二个潜在的促进压力是他们将要演讲的内容的性质。那些被安排讲“好撒玛利亚人”的学生应该比那部分仅仅谈论神学职业的学生更有可能停下来施救。毕竟，这则寓言本身讲的就是停下来帮助一个处于困境中的人的故事，同时，所有神学院学生都应该把神学当作终身事业，这是证明自己信仰的时刻，你还能找到比这更好的机会吗？演讲的主题是一个强大的潜在促进压力，它与身份认同相关，是人的信念的核心，也是这些学生在穿过校园时脑海中第一时间浮现的意识。

行为背后也会存在认知失调（你的思维往往会改变信仰以适应行为），毕竟，学生们不只要相信该寓言的教义，还要将这些教义付诸行动。如果要保持思想与行为的一致，我们的信念必须坚定、强大且合乎时宜，当我们想采取行动时，这样的信念随时都会促成我们的实践。

但是，给这些学生分派的不同任务主题与他们是否停下来施救之间并无直接关联：两组参与者采取（或不采取）施救行为的概率相等。尽管“好撒玛利亚人”是一个强大的促进压力，但它的激励作用似乎还不够大。

这是为什么呢？当合理干预失灵时，总有一种强大的抑制压力在起作用，它能压倒绝大部分促进压力。它就是时间。时间给得越少，学生越不可能停下来去帮助他人。实际结果就是，在40名参与者中，仅有16人停下来施以援手，而在被告知会迟到的那部分学生中，只有1/10选择了停下来提供帮助。

再设想一下，这些未来的宗教领袖要赶往另一个地方布道，他们匆匆走入巷子，刚好碰到有人落难，由于时间紧张，他们竟选择离去，而他们此次布道的主题还是“以仁慈之心对待陌生人即是进入天堂的秘诀”。在他们之中只有一人停了下来，通过了耶稣的考验。

我承认，神学院学生参加的这一实验总让我觉得有点儿可笑。正如《浓情巧克力》[①]中的市长所说的那样，存在于我们的言行之间的悲喜剧随处可见。不过，我并不是在嘲笑那些神学院的学生，而是说我就是他们中的一分子，我已经重复他们那些匆忙的行为不下百次了。

我们总倾向于对他们的行为进行苛刻的评判，但请回过头来反思一下自己：你是否也曾心急火燎地斥责做事拖沓的孩子？你是否也曾粗暴地在熙攘的人群中挤出一条路？这些都是你在放松的时候一定不会做的。担心迟到并不会催生促进压力、导致你痛斥别人的愤怒情绪或让你乐于助人的利他主义倾向。但对“我到底有多迟了”的感知作为抑制压力，是影响行为的最重要的因素之一。时间不再是简单意义上的时、分、秒，而是我们对它的感觉。

---

① 《浓情巧克力》（*Chocolat*）是由美国米拉麦克斯影业公司出品的一部爱情故事片，于2000年12月在美国上映。——译者注

等候地铁的乘客

人们厌恶等待，我们一般更愿意躺在自家沙发上等待，虽然手机使在地铁站台等车容易了很多，但我们仍旧是一个以目标为导向的物种，大多数人都会认为花在路上的时间是一种浪费。因此，在美国，无论哪个公共交通系统，即便其服务质量很高，也难逃乘客的诟病。举个例子，纽约大都会运输署[①]每年成功运送乘客将近18亿人次，但还是会听到纽约人吐槽自己像是坐在从中国来的慢船上[②]。想象一下，成功运送18亿名乘客却还被说成“失败”。让纽约人等待简直比地狱烈焰更可怕。

让人们更愿意乘坐地铁的干预措施有很多：让车站变得更干净（减少抑制压力：MTA已将人口流量大的站台的清洁频率提高了30%），提供现场音乐（增加促进压力：自1985年起，MTA就开始开展“纽约地下音乐”项目[③]了），

① 纽约大都会运输署（New York City's Metropolitan Transportation Authority），一般简称MTA，亦称大都会捷运局，负责管理美国纽约州纽约市公共交通的管理机构，成立于1968年。MTA管辖着范围达5 000平方英里（1平方英里约为2.59平方千米）、总人口1 530万的纽约地区，是美国最大的交通管理网络。——译者注

② 坐在从中国来的慢船上（waiting on the slow boat from China），源自西方的一个说法：on a slow boat to China（坐慢船去中国），比喻漫长且无所事事的过程，也被用来形容事情进展很慢。——译者注

③ “纽约地下音乐”（Music Under New York）项目于1985年开始运营，负责协调地铁运输系统中的演出。——译者注

但等待时间的问题似乎很难解决，你只能想办法让列车跑得更快，而让列车提速往往极其费钱、费时。地铁信号系统老旧是造成晚点的一个重要因素，但更新信号系统预计耗费400亿美元及10年以上的时间，而且更新过程中列车的运营速度还将减缓。尽管地铁提速很有必要，但这项干预措施并不具有吸引力。

这就是行为设计的乐趣所在。在大多数试图改变行为的干预措施中，感知就是真实，因为它改变着我们的行为。通常情况下，感知与现实紧密相连，但有时也未必如此。请记住，我们关注的是结果，如果一项干预措施能够改变行为，那么它即便是非理性的，也是可行的。所以回到先前提到的这个问题上：如果我们能够让人们在心理上认为地铁的运营速度变快了，他们等待的时间变少了，而实际上他们等待的时间根本没有变化呢?

一种干预是让人们在等待的时候保持忙碌。各种研究发现，[22] 人们对时间的预判（他们在站台上抓狂的那一刻是如何估计时间的）在很大程度上取决于他们的大脑忙不忙。这一点我们凭直觉也能够知道：在懒洋洋的夏日，时间在你眼里就像蜗牛在爬；当你忙碌的时候，你觉得时间飞逝。我们能否通过增加电视屏幕、互动游戏和街头表演等干扰因素让人们的大脑更加忙碌？为解决人们因干等行李而抱怨的问题，休斯敦的一个机场采取的正是这一类的干预。他们不是让行李传送带运转得更快，而是让人们走更远才能到达等行李的地方，这让人们觉得等待的时间变短了。

体力锻炼也可以达到类似的效果。在地铁站设置引体向上杆或巨型跳棋怎么样？这样的话，我能在等待的过程中练出结实的腹肌，也会觉得时间过得飞快。当然，这也可能会让我在工作前汗流浃背。

但真正的抑制压力是不确定的状况（一般来说，我们的大脑讨厌不确定性）。最糟糕的莫过于伫立在站台上，探身张望列车来了没有，眼看着手表指针走到了早上你要做报告的9点，却只见候车的人越来越多，而不见车来。这时的你只能在站台上迷茫自问：我该选择留下还是转身离开？但是你心底那小小的、无理由的念头让你意识到列车也许就会在你离开的那一瞬间进站，到时候你肯定会觉得自己太蠢了。没有人希望自己做出的选择是错误的，但无论怎么选都是错的。所以，他们只能原地等待，心情极度烦躁。

可以试试让站台上显示列车到站倒计时。当你明确地告知人们，他们所等的列车还有多久进站时，他们就能够在短时间内做出决断，那些不确定的感觉都会变得清晰。这就是为什么即使列车没有提速，显示列车到站倒计时也能让人们感觉交通运输系统运行得好像比先前快了30%左右。[23]而且不只是在交通运输系统中，迪士尼（Disney）等很多企业都会挂出时间指示牌，让你很清楚自己还需要排队等候多长时间。同时，它们几乎总是将你要等待的时间说得比实际耗时长一些，这样，当你发现自己比预计的时间更早排到的时候，你就会感到无比惊喜。[24] 谁曾想到，只要消除不确定性这个抑制压力，再创造一点点激发快乐的促进压力，让人感觉时间飞逝就能变得如此简单?

商旅常客

我难得有幸两次与一家大航空公司的高管会面，两次会面的时间大约相隔一年。第一次，我做了一次有关一般性促进压力的演讲，所以当我第二次与他们进行会面时，他们早早就准备好了。“我们一直按您说的做，也见到了成效，”他们说，“但这些方法在一件事上好像行不通。”

原来，问题出在特定人群的行李托运上。航空公司的高管们已经采取措施消除了他们能想到的所有抑制压力，例如取消收费，保证行李及时出现在传送带上，保持低于同行业水平的行李丢失率，等等，这些措施对其他乘客都产生了很好的效果，除了商务旅客。航空公司不管多么努力，都无法让这部分旅客托运他们的行李，而这些人的行李偏偏还比一般群体的多，这样一来，不仅把行李放进头顶的行李舱是个让人头疼的问题，而且这还经常导致飞机延误。

那么，怎样才能让商务旅客托运行李呢?你需要让他们相信，他们不这样做是不符合他们的身份的。对其他人而言，飞机晚点并不是一个大问题。比如，你去度假，飞机降落得有点儿晚对你影响不大，因为你还在假期里。但如果你要在某个时间去参加某个会议，这就会关系到你的声誉了（因为自利偏见，迟到会被视作你的内在品质的反映，而不会被归因于外部环境），因而效率意识就会成为商务旅客自我认同的一部分。“我是一个追求效率的人。”这句话不禁让我想起《在云端》[①]中乔治·克鲁尼所饰演的角色在过安检时都会穿着合适的鞋。

因此，把“我托运行李”和“我很有效率”联系起来，就能产生一个十分强劲的促进压力并带来行为的改变。你在下一次看航空公司的广告或者机场给你的小提示时，可以想一想这种联系。

缺勤的空乘

另一天，另一家航空公司提出了这样一个问题：怎样能让空乘少请病假？实际上，这个看似简单的问题正反映了航空行业的一个困境。原因就在于，按照美国联邦航空管理局（FAA）的规定，有空乘请假时，不能简单地通过把他更换为另一名机组人员解决问题。航空行业的所有人员都有严格的工作时间限制，整个行业的轮班安排就像在表演一场优美的

---

① 《在云端》（*Up in the Air*）是2009年派拉蒙影业公司出品的一部爱情、剧情电影。影片中由乔治·克鲁尼（George Clooney）饰演的男主角是一位公司裁员专家，他的工作就是飞往各地的公司去帮忙解决麻烦，机场对他来说就像家一样。——译者注

芭蕾舞，合适的人要在合适的位置为航班服务。否则，任何一个小的失误都有可能引发连锁反应，进而造成大量的金钱损失。

我们可以通过一些常规练习来解决这个问题。这真的只是请病假吗？答案当然是“不”，因为他们是在登机前最后一分钟才请假的，如果航空公司预先得知这些人要请假，一切工作安排还是可以得到及时调整的。那么我们继续关注最后一分钟请假这一行为，想一想能有什么方法让空乘避免在最后一分钟才请假？我们可以迫使他们公示请假（社会对人的认知判断是一种强大的压力）；准备一份勾选表格让他们填写，让他们承认自己给他人带来了不便，进而陷入一个围绕“我”的“自我认同”困境。

尽早请假是一个更可取的行为。怎么做才能更有效呢？早请假的空乘可以填写简单的请假表格，最后一分钟请假的空乘则须填写复杂的请假表格？早请假的空乘能得到20%的请假补贴？早请假无须公示？

这些干预措施似乎都有效果，都值得一试，但哪一项措施才是真正有效果的呢？我们似乎在托儿需求那里找到了答案。在进行一番深入了解之后，我们发现空乘们对提前请假持积极态度，他们也一直想这样做。大多数人都是因为孩子忽然生病或者无人照料孩子才不得不在最后一分钟请了假。按需发放托儿补贴是微软的一项福利，所以我对此非常熟悉。经过短时间的预试验，我们可以确定一个显而易见的事实：人们都希望正确行事，你只需要为他们提供便利。

Yammer 的产品经理

行为陈述的一个益处在于它能够提前触发行为过程中的潜在矛盾，以防日后行为目标出现偏移。我在此强调行为陈述的原因，除了我本身热衷于优秀的辩论，还在于它是干预设计过程的一个需要反复考量的重要组成部分。在就如何衡量行为达成一致的情况下，一则好的行为陈述要让每个参与其中的人都有明确的责任感，从而在具备独立行动能力的同时还能朝着一个方向使劲。

在微软工作期间，我得到机会前往旧金山与 Yammer[①] 总部的人就干预设计过程展开了细致的交流。在讨论了有关压力的问题之后，我们开始写行为陈述，然后走入了一条死胡同。为走出困局，我采用了这样一种方法：假设两个截然相反的情况，看人们倾向于哪一个。如果你有足够的时间照做，你就知道这个方法多有价值。争论主要集中在两点——用户参与度（人们多长时间使用一次 Yammer）与商业价值（Yammer 多久才能为企业创造价值）。我建议做如下的思维

① Yammer 是一个企业内部通信平台，此平台能减少管理、注册和验证员工的成本，还能进行投票和聊天等活动。该公司成立于 2008 年 9 月，2012 年被微软收购。——译者注

实验：想象有这样两个人，一个每天都会登录 Yammer，与每一个在线的人都很投入地聊天，但从未创造任何商业价值；另一个只登录了一次，只与线上的一个人交谈，但却创造了巨大的商业价值。试问你会选择哪个人？

参与讨论的人员为这两种观点剑拔弩张，会议室里争论不休，我们也一直（至少在那次会议上）未能化解这一分歧。这对一家经历过数年扩张且以 10 多亿美元的价格被收购的公司来说并不是一个好兆头。不过，话说回来，这些争论应该被早点儿激化，这也是干预设计过程的一个功能。

你看到这儿大概会反驳：难道就不能实现用户参与度和商业价值的双赢吗？当然是可以的，但你只能围绕其中一个展开行动，另一个的重要性取决于它在多大程度上能推动前者。例如，假如你关心的是用户参与度，那么你完全有理由说，创造商业价值（作为一个促进压力）是提高用户参与度的手段之一；假如你更在意商业价值，那么提高用户参与度（同理，亦可作为一个促进压力）就是提升商业价值的手段之一。但归根结底，一个要素是另一要素的促进压力并不意味着它是另一要素的唯一促进压力。

如果你参加的创业大赛有我做评委，我通常要问，你创业是想改变什么。如果你给出的答案不止一个，那么我会让你缩小目标范围；如果你回答“两个都要”，那么我将投出反对票。在我看来，倘若你没有把目标集中在一点上，你就无法真正创业成功。

低收入女性

在美国，女性的收入明显偏低，其岗位晋升机会也比男性少，这已得到99%的经济学家的认可，但你也可以不相信这点。即便99%的气候学家都认为全球气候变暖是由人类的行为引起的，你也可以选择不去相信气候变化的存在，这是你的自由。你可以相信任何你想相信的事，只是你的想法可能并不正确。

我在开头说这一番话是想告诉你，如果你自认为比99%的经济学家更了解经济，你大概不会喜欢这部分内容。但如果你是想成为一名更加出色的行为科学家，那么你还是可以看一看这个部分的。

我们在女权主义上存在误解（每一位女权主义者都这么说过），这是真的，这源于对促进压力的系统性偏见。当女性不像男性那样争取加薪时，我们会开始以增加促进压力的方式进行干预，比如告诉她们要努力进步，或引导她们树立自信。这意味着还有未被挖掘的抑制压力。

我先来讲一个案例。那时我还在Thrive（一家个人理财网站，它是Mint[①]最大的竞争对手，后来被我们卖给了

① Mint（Mint.com），美国著名个人理财网站，于2005年由阿伦·帕茨尔（Aaron Patzer）创立，2007年9月正式上线。使用者可以上网登入自己线上银行的账户，上传信用卡资料，让其内部软件分析自己的消费习惯，以获取更好的理财或省钱方式的推荐。——译者注

LendingTree）做产品运营，我的目标是帮助人们根据自己的财务状况进行理财，而不是仅仅因为你有钱就给你一个高的信用等级。为此，我们在设置个人理财评估体系时，还纳入了一个个人储蓄率指标，储蓄率基于你账户内存期不少于90天的储蓄金额占你总收入的百分比。

当你拿储蓄率来衡量女性的收入时，女性是可以把男性一脚踢开的，那些关于购物的刻板印象也都是胡说八道。问题是，一旦不考虑储蓄占总收入的比例，而单看收入，女性就处于下风了，因为她们的工资就是比男性低。世上没有任何预算能助你攒够足以弥补工资差距的钱。

在随后的一个项目中，我们开始着手解决女性工资过低的问题。我们有一项原则：不使用促进压力。结果就是我们创建了一个名为 GetRaised 的网站（GetRaised.com），这是一个通过解决抑制压力来帮助女性获得加薪的平台。我们的目标是促使女性主动要求并真正获得加薪。我们不再一味地劝告女性要努力进步，而是系统地消除她们加薪的障碍，主要是消除其中的困难和不确定性。

从本质上讲，GetRaised 平台只是一个巨大的 MADlib[①]。首先，我们会让你回答几个问题，并且根据美国劳工统计局

① MADlib 是 Pivotal 公司与伯克利大学合作开发的一个开源机器学习库，提供多种数据转换、数据探索、统计、数据挖掘和机器学习的方法，使用它能够简易地对结构化数据进行分析和挖掘。用户可以非常方便地将它加载到数据库中，扩展数据库的分析功能。——编者注

（Bureau of Labor Statistics）给出的数据，告知你的薪酬究竟有多低。然后，我们根据最佳加薪金额的数据得出最佳加薪幅度（最佳加薪金额等于加薪金额乘以你获得加薪的概率；依据我们的用户群，最佳加薪幅度是 8 个百分点）。接着，我们会让你回答几个你已经做了什么和将要做什么的问题，我们很快就会将这些信息生成一封信，你可以把它打印出来并上交给你的用人单位，然后与你的上司会面，阐述你的实情。在这个过程中，我们还是稍微使用了一些促进压力：我们会用电子邮件对你的情况进行跟进，不时地督促你以确保会面顺利进行。在所有递交了我们提供的信件的女性中，有超过 80% 的人得到了加薪，平均加薪金额达到了 7 000 美元以上。

这个削弱抑制压力的方式实际上是一个可重复利用的模板。例如，若同时有两个工作机会摆在面前，女性通常会选择薪酬更为确定的那一个。在包括技术领域在内的某些行业，女性的这种选择意味着她们更喜欢薪水因而放弃股权，这是个问题，因为在技术领域唯一能让你发大财的方法就是持有正在发展的公司的股权。因此，我们不过是相当于打造了一台被美化了的计算器，用它来计算可能的股权收入，以减少她们的风险。我们并没有对 SalaryOrEquity 网站（SalaryOrEquity.com）的结果进行跟踪（这是因为我们只负责实际操作，而不是访问服务器），在建立这个网站之前，我们进行了低技术含量干预的预试验，并得到了积极的结果。

你可以采用这种干预模式让男性女权主义者的数量翻

倍。几年前，我用PayScale①做了一些研究，并总结了一个我称之为“311”的规律：5个男人中会有3个认为不存在性别歧视（浑蛋），剩下的2个里面，1个表示在世界上及他生活的环境中存在该现象（醒悟），另1个虽将性别歧视看作当前世界的一个问题，却认为在自己能产生影响的活动范围内从未出现这一现象（无视）。

我不知道该拿上述“浑蛋”怎么办，因为他们连最基本的动力都没有。研究中能起作用的条件似乎只有一个，即让他们有个女儿（有女儿的风险投资家更有可能聘请女性合伙人，这个选择不仅让他们的资金回报率更高，而且总体经济效益会更好）。[25] 所以，如果你想实施干预的对象属于这一类，请随时告诉我。

我们可以忽略属于“醒悟”类的男人，因为他们已达成了我们想要的行为目标。因此，我们需要关注的就只剩下“无视”这类人了。他们承认性别歧视是个问题，但是不太可能采取任何行动，因为他们对这样的事视而不见。这算促进压力问题还是抑制压力问题呢？

两种压力都有涉及。IAskedHer.com是一个侧重于促进压力的网站，旨在鼓励男性与他们性情相投的女性进行谈话，听她们谈论自己遭遇性别歧视的经历，以达到增加促进

---

① PayScale是美国的一家权威工资收入调查机构，于2002年1月在美国西雅图成立。它主要提供薪酬数据资源服务，尤以发布美国大学毕业生的薪酬排名闻名，拥有世界上最大、最完善的雇员薪酬数据库。——译者注

压力的目的。这一方式并不是要把证明存在性别歧视的重任放在女性身上，而是想借男性身边的这些性别歧视的实例增加促进压力。同样，预试验取得了极大的成效，因为对于这些男人而言，他们身边的人正饱受性别歧视，而他们自己却无动于衷，这挑战了他们的身份认同。

WhyMenAttend 网站（WhyMenAttend.com）是基于一项关于“男人为什么参加或者为什么不参加性别主题活动”的研究而建立的。这个网站也关注促进压力：去参加性别主题活动的男人通常认为参加该活动可以让自己成为更好的人，而那些不去参加的男人则不这么认为。在去与不去的背后，还有简单的受邀行为在发挥作用。收到邀请的人都去了，而没有被邀请的人……没有去。这样看来，这一促进压力似乎还挺强大的。

但请你接着深究，受到邀请真的有这么强的促进作用吗？是的，确实如此。它也减弱了抑制压力的影响。一些受邀前去的男士点明了其中的道理：活动现场有其他男性交流者，活动手册也明确指出这场活动对男性开放。来自女性的邀请会比来自其他男性的邀请更为有效，因为女性的邀请能够说明男性的参加是受欢迎的，而不是被迫的，这就是细节的力量。GetRaised、SalaryOrEquity、IAskedHer 和 WhyMenAttend 等平台在技术上都很简单，它们使用的都是开放数据，并且都有效地改变了人们的行为。由此可见，并不是只有依托拥有上亿美元专项资金的大型跨国公司才可以做有意义的事，任何人都可以运用科学帮助人们迈向更美好的世界，只要你关注各种压力并且愿意为之一试。

美国大兵的零食

既然本书之前提到过 M&M's 巧克力豆，那么以它结尾也就再合适不过了。但需要注意的是，玛氏公司的这个故事的真实性存在争议，所以大家最好别信以为真。

故事发生在 1941 年，当时世界正饱受第二次世界大战的摧残。美国国内实行粮食配给制，政府积极地鼓励民众种植“胜利花园”[①]，收集废旧材料以储备资源。老福利斯特·马尔斯（Forrest Mars Sr.）与布鲁斯·默里（Bruce Murrie）也致力于此事，只不过是以一种独特的方式：研制一种不易融化的可作军粮的巧克力。在那个久远的年代，现代温控技术还未出现，因此必须保证军用快餐[②]能够在仓库中被保存数月或数年而不变质。此外，这些食物不仅要可口，还要能补充能量——这是一个巨大的抑制压力，之前所有尝试研制的品牌均以失败告终，比如，有厂家特意生产了一种难吃的

① 胜利花园（victory garden）是战争期间在私人住宅院落和公园开辟的蔬菜种植地。“二战”时期美国政府推行“胜利花园”运动，旨在减轻食品供给压力，鼓舞平民士气。——译者注

② 军用快餐，英文名为 meals ready to eat，缩写为 MREs，意为即食食品，本是为美国军队研发的让战士在战场上吃的食物。美国曾进行长达几十年的 MREs 研究。——译者注

巧克力，这样士兵们就不会一次性把它吃光。

马尔斯曾在西班牙内战期间看见士兵正在吃一款名为“聪明豆”且不易融化的英国巧克力豆。正是这段经历给了他灵感，让他想到了研发 M&M's 巧克力豆。M&M's 巧克力豆问世不久便成为军队的即食甜品，并很快获得了美国士兵们的喜爱。战争结束后，巧克力突然不再定量供应，随之而来的是平民糖果消费量的激增。试想一下，没有了政府采购这笔肥得流油的大单，却又有一大批新兴消费者涌入巧克力甜食市场，我们的英雄 M&M's 会变成什么样呢？他们每年都将卖出超过 7 亿美元的糖果吗？还是在 75 年后才能让销售额增长到这个数字？这一切都得益于马尔斯无意中减少了公众甚至还未意识到的糖果消费的抑制压力。

在战时和战前，巧克力十分稀缺和珍贵，吃巧克力的乐趣也从未被社会广泛理解（这也是为什么马尔斯最初把营养丰富作为“玛氏棒”[①] 的卖点）。尽管伴随“二战”后经济的快速发展，巧克力的供给增加，起抑制作用的社会压力也有所减少，但巧克力容易融化的问题依旧没有被解决。在每年比较热的那几个月，人们对巧克力的需求会变得更少，这意味着一年中至少有三分之一的时间巧克力的销量都在下滑，进而导致成本压力。人们的收入虽然在上升，但巧克力的价格还是很贵，因为为了保证巧克力在运输前不会融化，

① 玛氏棒（Mars Bar）是玛氏公司的一款巧克力棒，由该公司于 1924 年研发的“银河棒”（Milky Way Bar）改良而来。——译者注

巧克力工厂都设在销售点附近，而且只有带空调的商店才能够销售巧克力，但在 20 世纪 40 年代，这样的商店并不多见，这使卖巧克力的地方更是少之又少。如今这些抑制压力都被 M&M's 这款“只融在口，不融在手”[①] 的巧克力在一夜之间消除了。想想看，忽然有一天，你可以在看球赛或野餐时吃巧克力了，这种巧克力虽然最终还是会融化，但远比它的竞争对手化得慢，达到这样的程度足矣。

一场世界大战促使抑制压力得到了减少，从而改变了我们对美国巧克力的认识。设想一下，如果那个时候就有了这本书，然后一家巧克力公司写出了自己的行为陈述，再绘制出竞争压力箭头图，仅仅聚焦于消费的抑制压力，那么现在成为行业领头羊的就会是这家公司的巧克力品牌，而不是 M&M's！我们没有时光机回到过去，但一家公司如果想持续制胜，就要在别家公司意识到某个压力前发现它。没用过优步，你怎么会发现打车付款这么麻烦；没用过网飞，你怎么会觉得租电影这么费劲；没用过 Tinder[②]，你怎么会知道

---

① “只融在口，不融在手”（melt in your mouth, not in your hand）是 M&M's 巧克力豆的一句著名广告语，该广告语被广告周刊评为 2004 年全美第一广告名句。——译者注

② Tinder 是国外一款交友类社交应用，该应用基于用户的地理位置，每天给用户推荐一定距离内的四个对象，根据用户和他们在脸书上的共同好友数量、共同兴趣和关系网给出评分，得分高的推荐对象优先考虑。这款应用最有特色的操作就是“喜欢的‘向右滑’，不喜欢的‘向左滑’”，这种操作改变了许多年轻人的网上交友逻辑，“向右滑”也成为代表一个人明确爱上某个人或某个事物的词汇。——译者注

“向右滑”这么有趣；没吸过电子水烟，你又怎能体会到吸入掺有尼古丁的雾化水会像龙吞云吐雾那般美妙（好吧，我想龙这种神兽你大概是知道的，因为它真的很厉害，你明白我要表达的意思就行）。推动下一个飞跃的将是什么样的新压力呢？这本书又是否能帮你发现它呢？

注 释

1. T. K. MacDonald et al., "Alcohol Myopia and Condom Use: Can Alcohol Intoxication Be Associated with More Prudent Behavior?" *Journal of Personality and Social Psychology* 78, no. 4 (2000): 605–19.
2. Traci Mann and Andrew Ward, "Attention, Self-Control, and Health Behaviors," *Current Directions in Psychological Science* 16, no. 5 (2007): 280–83, https://doi.org/10.1111/j.1467-8721.2007.00520.x.
3. Matthew Wallaert, Andrew Ward, and Traci Mann, "Reducing Smoking Among Distracted Individuals: A Preliminary Investigation," *Nicotine & Tobacco Research* 16, no. 10 (2014): 1399–1403, https://doi.org/10.1093/ntr/ntu117.
4. FINRA Investor Education Foundation, "2009 National Survey: Respondent-Level Data, Comma Delimited Excel File," 2010, www.usfinancialcapability.org/downloads.php/.
5. Barbara E. Kahn and Brian Wansink, "The Influence of Assortment Structure on Perceived Variety and Consumption Quantities," *Journal of Consumer Research* 30, no. 4 (2004): 519–33, https://doi.org/10.1086/380286.
6. B. Wansink, J. E. Painter, and Y-K Lee, "The Office Candy Dish: Proximity's Influence on Estimated and Actual Consumption," *International Journal of Obesity* 30 (2006): 871–75, https://doi.org/10.1038/sj.ijo.0803217.
7. Laszlo Bock, *Work Rules!: Insights from Inside Google That Will Transform How You Live and Lead* (New York: Hachette, 2015).
8. Rona Abramovitch, Jonathan L. Freedman, and Patricia Pliner, "Children and Money: Getting an Allowance, Credit Versus Cash,

and Knowledge of Pricing," *Journal of Economic Psychology* 12, no. 1 (1991): 27–45, https://doi.org/10.1016/0167-4870(91)90042-R.

9. Noam Scheiber, "How Uber Uses Psychological Tricks to Push Its Drivers' Buttons," *New York Times*, April 2, 2017, www.nytimes.com/interactive/2017/04/02/technology/uber-drivers-psychological-tricks.html.
10. Adam D. I. Kramer, Jamie E. Guillory, and Jeffrey T. Hancock, "Experimental Evidence of Massive-Scale Emotional Contagion Through Social Networks," *Proceedings of the National Academy of Sciences of the United States of America* 111, no. 24 (June 17, 2014): 8788–90, https://doi.org/10.1073/pnas.1320040111.
11. Inder M. Verma, "Editorial Expression of Concern: Experimental Evidence of Massive-scale Emotional Contagion Through Social Networks," *Proceedings of the National Academy of Sciences of the United States of America*, 111, no. 29 (July 22, 2014): 10779, https://doi.org/10.1073/pnas.1412469111.
12. Mike Schroepfer, "Research at Facebook," *Facebook Newsroom*, October 2, 2014, https://newsroom.fb.com/news/2014/10/research-at-facebook/.
13. Dan Ariely, Emir Kamenica, and Dražen Prelec, "Man's Search for Meaning: The Case of Legos," *Journal of Economic Behavior & Organization* 67, nos. 3–4 (September 2008): 671–77, https://doi.org/10.1016/j.jebo.2008.01.004.
14. 感谢泰勒·伯利（Tyler Burleigh）为此付出的努力，他和我一起在三叶草健康医疗公司工作，他负责定性研究。
15. Margaret Shih, Todd L. Pittinsky, and Nalini Ambady, "Stereotype Susceptibility: Identity Salience and Shifts in Quantitative Performance," *Psychological Science* 10, no. 1 (January 1999): 80–83, https://doi.org/10.1111/1467-9280.00111.
16. T. K. MacDonald et al., "Alcohol Myopia and Condom Use."
17. Eric J. Johnson and Daniel G. Goldstein, "Do Defaults Save Lives?" *Science* 302 (November 21, 2003): 1338–39, https://ssrn.com/abstract=1324774.
18. Krishna Savani et al., "What Counts as a Choice? U.S. Americans

Are More Likely Than Indians to Construe Actions as Choices," *Psychological Science* 21, no. 3 (March 2010): 391–98, https://doi.org/10.1177/0956797609359908.

19. Nicole M. Stephens, Hazel Rose Markus, and Sarah Townsend, "Choice as an Act of Meaning: The Case of Social Class," *Journal of Personality and Social Psychology* 93 (2007): 814–30, https://doi.org/10.1037/0022-3514.93.5.814.
20. J. R. DiFranza et al., "RJR Nabisco's Cartoon Camel Promotes Camel Cigarettes to Children," *Journal of the American Medical Association* 22 (Dec 1991): 3149–53.
21. John M. Darley and C. Daniel Batson, "From Jerusalem to Jericho: A Study of Situational and Dispositional Variables in Helping Behavior," *Journal of Personality and Social Psychology* 27, no. 1 (1973): 100–108, https://doi.org/10.1037/h0034449.
22. Richard A. Block, Peter A. Hancock, and Dan Zakay, "How Cognitive Load Affects Duration Judgments: A Meta-analytic Review," *Acta Psychologica* 134, no. 3 (July 2010): 330–43, https://doi.org/10.1016/j.actpsy.2010.03.006.
23. Kari Watkins et al., "Where Is My Bus? Impact of Mobile Real-Time Information on the Perceived and Actual Wait Time of Transit Riders," *Transportation Research Part A: Policy and Practice* 45, no. 8 (October 2011): 839–48, https://doi.org/10.1016/j.tra.2011.06.010.
24. Karen L. Katz, Blaire M. Larson, and Richard C. Larson, "Prescription for the Waiting-in-line Blues: Entertain, Enlighten, and Engage," *Operations Management* 2 (2003): 160–76.
25. Paul A. Gompers and Sophie Calder-Wang, "And the Children Shall Lead: Gender Diversity and Performance in Venture Capital," Harvard Business School Entrepreneurial Management Working Paper No. 17-103 (May 22, 2017), https://doi.org/10.2139/ssrn.2973340.